A escolha de Yasmeena

JEAN SASSON

A escolha de Yasmeena

Uma história real de guerra, estupro, coragem e resistência

Tradução
Felipe José Lindoso

1ª edição

BestSeller
RIO DE JANEIRO | 2015

CIP-BRASIL. CATALOGAÇÃO-NA-FONTE
SINDICATO NACIONAL DOS EDITORES DE LIVROS, RJ

Sasson, Jean
S264e A escolha de Yasmeena / Jean Sasson; tradução: Felipe José Lindoso. - 1. ed. - Rio de Janeiro: Best*Seller*, 2015.
il.

Tradução de: Yasmeena's Choice
ISBN 978-85-7684-929-2

1. Golfo, Guerra do, 1991 - Mulheres. 2. Mulheres - Condições sociais. 3. Mulheres - História - Séc. XX. I. Título.

15-22568 CDD: 305.42
CDU: 3156.346.2-055.2

Texto revisado segundo o novo Acordo Ortográfico da Língua Portuguesa.

Título original
YASMEENA'S CHOICE

Publicado mediante acordo com Sasson Corporation, c/o International Editors' Co., Rua Dom Manoel, 166, São Paulo - SP - CEP; 04602-050.

Capa: Guilherme Peres
Editoração eletrônica: Abreu's System

Impresso no Brasil

ISBN 978-85-7684-929-2

Seja um leitor preferencial Record.
Cadastre-se e receba informações sobre nossos lançamentos e nossas promoções.

Atendimento e venda direta ao leitor
mdireto@record.com.br ou (21) 2585-2002

Sumário

A escolha de Yasmeena é dedicado
a duas extraordinárias e corajosas mulheres:

Para Yasmeena, onde quer que esteja.

Para Lana, que descanse em paz.

Livros de Jean Sasson

Princesa: A história real da vida das mulheres árabes por trás de seus negros véus
Amor em terra de chamas: A corajosa luta de Joanna do Curdistão
As filhas da Princesa
Sob a sombra do terror: A vida oculta de Osama Bin Laden revelada por sua esposa e seu filho
Por amor a um filho: A jornada de uma mulher afegã em busca do filho perdido
O filho de Ester
Princesa Sultana: Sua vida, sua luta
Mayada: A filha do Iraque

A autora relembra
Regresso ao Kuwait: 13 de março de 1991

O Kuwait e os kuwaitianos tomavam conta dos meus pensamentos enquanto eu estava sentada silenciosamente no "Voo da Liberdade", a primeira viagem oficial do governo para o recém-liberado Kuwait. Sou uma das 146 pessoas convidadas pelo governo kuwaitiano a fazer a viagem.

Já haviam transcorrido sete meses desde o dia 2 de agosto de 1990, quando o exército iraquiano irrompeu sobre os kuwaitianos, ocupando e anexando a pequena nação em questão de horas. Seis meses após eu ter viajado para Londres, Cairo, Riad e Taif, para entrevistar pessoas surpreendidas no Kuwait, naquele tórrido dia de agosto, dia fatídico que transformou a dinâmica de toda a região. Aquelas entrevistas pessoais tornaram-se a base de *The Rape of Kuwait*, livro que escrevi sobre as experiências dos kuwaitianos e outros capturados no Kuwait no primeiro dia da invasão. O livro transformou-se em um best-seller instantâneo quando foi publicado, em janeiro de 1991, alcançando a segunda posição na lista dos mais vendidos do *New York Times*.

Enquanto o *Rape* revelava as histórias dos kuwaitianos que sobreviveram à invasão para buscar segurança e abrigo na Arábia Saudita, no Egito e na Inglaterra, minha atenção agora é voltada às pessoas que permaneceram no Kuwait durante os 208 dias da ocupação. Pensei nelas por muito tempo. A partir da cobertura da mídia e de relatos pessoais, compreendi que, durante a ocupação, o exército iraquiano causou enorme sofrimento à população civil, com roubos, estupros, torturas físicas e assassinatos. As reportagens constataram que o país foi deixado em ruínas, sem qualquer infraestrutura e com poços de petróleo propositadamente incendiados.

Agora eu iria descobrir pessoalmente o resultado da ocupação. Meus planos incluíam observar as condições do país, assim como me encontrar com os combatentes pela liberdade e cidadãos comuns que pudessem compartilhar seus relatos pessoais sobre como era viver sob um ocupante implacável.

O tempo de voo passou vagarosamente, mas finalmente deixei o "Voo da Liberdade" e fiz uma viagem de ônibus até a Cidade do Kuwait.

Senti o peso da guerra e das perdas no momento em que entrei naquele país devastado. Todos os lugares para onde eu olhava e todas as pessoas com quem falei mostravam provas da destruição recente infligida pelos militares iraquianos. Caminhões militares destroçados e incendiados espalhavam-se pela rodovia. Observei os restos queimados daquilo que outrora provavelmente havia sido o lar de uma família feliz. Esses dias de despreocupação, de vida normal, haviam cessado meses antes. As labaredas dos incêndios de petróleo revoluteavam e escureciam o céu onde não aparecia o menor sinal de azul. Eu tremia com o ar frio, percebendo pela primeira vez como campos de petróleo incendiados geravam uma friagem úmida em vez de calor escaldante. Todo tipo de vida havia sofrido no Kuwait. Pássaros e animais cujas penas e peles estavam encharcadas de petróleo lutavam inutilmente. Aqueles pássaros atordoados não podiam mais voar, enquanto outros animais definhavam.

Mais tarde, naquela noite, quando me registrei no hotel, observei em silêncio o interior destroçado, pensando nas portas despedaçadas que antes garantiam a intimidade dos hóspedes. Aquelas portas já não serviam a seus propósitos originais e tive que empilhar a bagagem nos vãos de entrada do quarto para garantir minha segurança pessoal.

Dois dias mais tarde fiz minhas primeiras entrevistas. Os rostos sulcados dos parentes enlutados cujos filhos, combatentes pela liberdade, haviam sido torturados diante de seus olhos, expressavam suas dores. Tremi ao ver as tristes crianças que perderam os pais, enquanto permaneciam mudas, desesperadas para que alguém, qualquer um, apagasse a angústia de suas perdas. Cada uma tinha sua história, que me transportava para os dias aterrorizantes de apreensão e horror que viram, que sentiram e que viveram.

Algumas semanas depois da minha visita ao Kuwait, o governo kuwaitiano revelou-me uma história ainda mais aterrorizante que a maioria, uma história secreta deliberadamente oculta da imprensa internacional, uma história centrada em mulheres inocentes, e que caiu com enorme peso sobre meu próprio coração.

E é essa a história que contarei agora a vocês.

Advertência aos leitores

A história real que estão prestes a ler não é para quem tem coração fraco. Entretanto, para permanecer autêntica a esta importante história, e ir além das manchetes e estatísticas e despertar a consciência sobre o que realmente acontece com mulheres mantidas como escravas sexuais, é essencial incluir os detalhes desoladoramente verídicos e pormenorizados que me foram relatados pelas mulheres raptadas.

Para proteger a identidade daquelas que foram sequestradas e estupradas, foi necessário mudar seus nomes e modificar alguns detalhes capazes de identificá-las.

Esta importante história dá àquelas que sobreviveram ao estupro e à tortura sexual a oportunidade de contar suas histórias para o mundo.

Esta importante história dá àquelas que foram estupradas e assassinadas a oportunidade de saírem de seus túmulos e fazerem suas vozes serem ouvidas.

Esta importante história dá a vocês, leitores, algo que carregarão pelo resto de suas vidas.

Jean Sasson

Prólogo

Estupráda

“Depois da vitória na batalha, nada convoca mais a maldade para sair de seu covil do que a presença de uma bela mulher.”

JEAN SASSON

Não há vencedores no inferno. Mesmo vencendo, você perde. Dá tudo na mesma. Você está no inferno. Quando Yasmeena foi “escolhida” pelo Capitão, ela sabia que não ganhara um prêmio. Ganhara um lugar em um inferno feito pelos homens.

Por diversos e longos momentos, ela espreitava cuidadosamente por entre as barras de sua cela. Não via ninguém, apesar de escutar o ruído abafado de vozes masculinas e femininas. Finalmente, sentou-se no fino colchonete colocado no centro da cela mal-iluminada. Olhava para o vazio, com rosto imóvel e mente ativa, imaginando como poderia sair do inferno. Pressentia que sofreria horrivelmente nas mãos do homem que a havia reclamado como sua, caso não conseguisse escapar.

O aterrorizante pesadelo de Yasmeena tornou-se subitamente mais real quando o Capitão apareceu para tomar o que havia declarado como seu. Ele não olhou para ela quando destrancou a porta da cela. Na verdade, parecia estar com outras coisas na cabeça, talvez sua família lá no Iraque, ou algum desjejum especial que prepararia no dia seguinte.

O comportamento calmo do homem disparou os alarmes da intuição de Yasmeena e ela recuou até o canto da cela, vagarosa e silenciosamente, como um vigilante treinador de animais, sem querer despertar a atenção da besta que poderia mudar da tranquilidade para uma postura traiçoeira a qualquer instante.

Depois de entrar na cela, o homem enfiou a chave no bolso da calça antes de tentar sentar-se com as pernas cruzadas sobre o fino colchonete abandonado por Yasmeena momentos antes.

Quando finalmente olhou para ela, a ausência de sentimentos humanos em seus olhos acentuou o medo crescente. Ele finalmente falou, de forma suave, com voz seca e sem emoção, ordenando calmamente:

– Tire tudo e me deixe ver você.

Yasmeena enrijeceu. Apesar de ter 23 anos, era virgem. Jamais havia beijado um homem, apesar de, certa vez, ter permitido que um belo homem que conhecera em Paris segurasse sua mão.

A voz grave do soldado era baixa e calma, com ligeiras hesitações suavizando seus modos. A voz gentil parecia fazer dele uma pessoa suave, mas Yasmeena sabia que a voz era uma fachada. Ele tossiu e pigarreou, voltando-se para cuspir em um canto: um homem a quem jamais haviam ensinado boas maneiras. Então, com aquela mesma voz calma, ele lançou uma mensagem mais alarmante:

– Tire tudo ou mando meus homens despirem você. E isso não será muito agradável para você, minha querida.

Yasmeena conseguiu unir forças para usar a voz, apesar de sair falhada e apenas um pouco mais audível do que um sussurro.

– Por favor, não faça isso. Eu sou árabe. Você é árabe. Eu sou muçulmana. Você é muçulmano. Por favor, não faça isso.

Ele a olhou calmamente, como se ela não houvesse dito nada importante, talvez algo trivial, como preferir ovos cozidos em vez de mexidos. Seu tom ficou mais duro quando ordenou:

– Tire suas roupas. Todas. Quero vê-la.

– Por favor. Pense em sua irmã ou em sua mãe. Você não iria querer que isso acontecesse com elas. Por favor. Não.

Nenhum de seus argumentos conseguiu comovê-lo. Ele permanecia distante e inabalado pelos aterrorizados pedidos. Seu rosto impassível estava talhado em granito, e ele disse:

– Então, vai ser assim.

Nesse momento, ele avançou até ela. Um passo largo bastou para que ele a agarrasse pelo pescoço com força, usando a outra mão para arrancar as roupas, até deixá-la nua, sem se importar em fazer isso com delicadeza, rasgando-as.

Yasmeena chorou. Todo o seu corpo parecia esvaziado e fraco. Era incapaz de lutar, mas ouviu fungadas abafadas e por um instante pensou que havia uma criança na cela, até perceber que o choro vinha dela mesma.

Então, aquele homem insensível a jogou no colchão e se inclinou sobre ela, por muito tempo examinando seu corpo. Yasmeena orava para que ele encontrasse algum defeito nela e não a estuprasse, mas depois de muitos e demorados momentos, ele a declarou "limpa".

Depois de passar pelo teste médico, Yasmeena assistiu horrorizada ao Capitão levantar-se e despir-se.

– Por favor. Por favor. Não. – Então, ela teve uma ideia que lhe pareceu boa, as palavras se atropelando em um apelo desesperado. – Não, não. Tenho Aids. Tenho Aids.

O estuprador resmungou:

– Garotas árabes não têm Aids – comentou com uma voz enlouquecedoramente suave.

Foi então que ele a machucou com seu membro masculino. Yasmeena soltou gritos, mas depois ele a ameaçou em voz baixa:

– Pare. Se gritar novamente, vou mandar que todos os soldados sob o meu comando desfrutem de você.

Yasmeena sabia que aquele homem cruel faria exatamente isso. Sufocou os gritos, chorando em silêncio enquanto era estuprada repetidamente no decorrer de cinco horas.

Depois desse abuso, o Capitão graciosamente lhe agradeceu, dizendo:

– Foi ótimo para mim.

E disse para ela não ficar agitada, pois ficaria com ela pelo menos por um mês. Depois, como se recitasse um conto de fadas árabe, começou a contar as várias coisas que poderiam acontecer com ela no futuro. E quem sabia o que podia acontecer em um mês? Ele poderia sair do Kuwait. Os kuwaitianos poderiam regressar. Ele poderia não matá-la no final desse mês. Qualquer coisa podia acontecer.

Depois, ele deu um sorriso aterrorizante e a deixou sozinha na cela, tendo como companhia apenas o medo.

Capítulo 1

Yasmeena

Desde seu primeiro instante de vida, Yasmeena foi agraciada com beleza. Mesmo 23 anos após seu nascimento, o encontro casual com algum recém-nascido disparava animadas discussões familiares sobre bebês bonitos. Sua família concordava que Yasmeena era o bebê mais bonito nascido no Líbano.

Diferentemente da maioria dos bebês, que fazem sua primeira aparição com o rosto avermelhado pelo estresse, a bebê Yasmeena havia sido abençoada com uma invejável compleição cor de marfim que fazia com que ela parecesse ter passado os nove meses no útero da mãe sendo paparicada com os mais caros cremes faciais. E enquanto a maioria dos bebês parece abalada com o trauma do nascimento, a família e os amigos riam alegremente quando lembravam que a minúscula Yasmeena encantava imediatamente a todos, distribuindo sorrisinhos meigos.

Mas nem todos da família ficaram alegres com a beleza do bebê. Um bebê tão esplêndido era motivo de ansiedade, segundo a avó materna de Yasmeena, que insistia que o mau-olhado, ou o *Isabat al'ayn*, era uma ameaça real. Até mesmo o Profeta Maomé dissera que "a influência do mau-olhado era um fato", e que "indivíduos têm o poder de prejudicar o outro pela inveja". Enquanto era aceitável que os admiradores recebessem o recém-nascido com *Masha Allah*, ou "Foi a vontade de Deus", alguns visitantes sentiam-se tão atraídos pela beleza de Yasmeena que momentaneamente esqueciam que ninguém deve admirar ou elogiar um bebê. Quando um visitante imprudente elogiava a beleza de Yasmeena, um coro de vozes femininas negava seus atrativos físicos.

Para manter escondida a beleza de Yasmeena, sua avó materna ateve-se ao enfaixamento, comum às crianças da região. Ela enrolava a faixa para cobrir os ouvidos delicados de Yasmeena e cobria seu rosto com uma gaze fina, na esperança de ocultar sua beleza incomum. O Profeta Maomé proibia talismãs para proteger contra o mau-olhado, e dissera que apenas Deus podia oferecer segurança. Mas a avó de Yasmeena esquecia-se convenientemente dessa restrição e prendia fitas azuis, amuletos e botões com sete olhos às roupas da neta. Como segurança adicional, pendurou uma caixinha de ouro com um Corão em miniatura em seu berço.

Mas nem todos concordavam que um bebê de tamanha beleza devesse ser escondido. O pai de Yasmeena era um homem moderno e educado, e muito orgulhoso de sua primeira filha, a despeito do fato de ser uma menina. Estava encantado com sua adorável bebê e exigiu que recebesse o nome de sua flor favorita, o jasmim. Não acreditava em mau-olhado, e se gabava orgulhoso da bela criança que havia ajudado a trazer ao mundo.

Seu comportamento afligia e enraivecia a observadora sogra.

As visitantes escondiam sorrisos de alegria ao ver um homem tão embevecido com a filha, particularmente por ser a primogênita. Que libanês não ansiava que o primeiro filho fosse homem? Independente das afiliações religiosas de cada um, fosse cristão, muçulmano ou druso, os homens presenteados com uma primogênita eram caçoados pelos amigos e intencionalmente insultados com o apelido de "pai de uma mulher". Os pais autoindulgentes passavam meses se lamentando, tornando miseráveis as vidas de todos ao redor. Na verdade, entretanto, aquelas mulheres que observavam a felicidade do pai de Yasmeena secretamente desejavam que seus próprios maridos gostassem tanto assim de suas filhinhas.

Dessa maneira, as relações familiares ficaram estremecidas por anos. Era comum a troca de insultos entre o genro e a sogra, algo que destoava em uma sociedade na qual os mais velhos são tolerados com bom humor. O pai de Yasmeena era um transtorno, segundo sua sogra, que manifestava sua desaprovação a quem sentasse em silêncio ao seu lado por tempo suficiente para que ela desabafasse. Ressentia-se com a intromissão masculina do genro. Que homem sabia algo sobre como criar bebês? Ele teve até a audácia de interrogar as mulheres da casa todas as noites, insistindo que mantivessem um registro escrito do desenvolvimento mental e físico de Yasmeena.

A avó recusava-se a registrar qualquer coisa no caderno deixado pelo genro, gritando em voz alta: "Minha neta não é um número para ser registrado em um livro de contabilidade."

Certamente não havia criança no Líbano mais amada que Yasmeena. Quando ela aprendeu a andar meses antes que os filhos de seus conhecidos, o pai disse que sua filha não apenas era linda, como um gênio. Constantemente elogiava o intelecto da filha, mesmo considerando que a cultura libanesa em geral favorecia a beleza em vez da inteligência.

E com o passar dos anos Yasmeena provou ser sagaz e esperta de modo incomum. Seu pai fez planos para que a filha assumisse o controle de sua companhia depois de completar a educação superior, algo novo em um país onde as mulheres raramente assumiam autoridade sobre homens nos negócios.

Os pais de Yasmeena não tiveram filhos homens. Como a primogênita de quatro filhas, a coroa como filha favorita permaneceu em sua cabeça. Com o passar dos anos, a beleza de Yasmeena continuava a florescer. E, mais importante, sua astúcia e visão ficaram ainda mais aguçadas. Felizmente, a bajulação jamais estragou Yasmeena. Era modesta e gentil, de modo que a mistura de beleza e inteligência não provocava inveja nem animosidade nas mulheres.

O pai expressava apenas uma crítica à sua adorável filha. Yasmeena preocupava-se tanto com as pessoas que ele temia que sua compaixão lhe trouxesse muitos problemas. Acreditava que a filha deveria cultivar o comportamento austero que ele tanto admirava nos filhos de seus amigos de negócio. Mas Yasmeena não conseguia controlar sua natureza simpática. Quando testemunhava alguma injustiça, avançava para proteger os menos favorecidos, mesmo que isso significasse censurar um menino, algo que as garotas libanesas eram ensinadas a jamais fazer.

Outras idiossincrasias apareceram quando Yasmeena entrou na adolescência. Ela surpreendeu seus pais, irmãs e amigos quando anunciou que não lhe seduzia a ideia de casar cedo, prática comum na cultura muçulmana libanesa. Yasmeena foi ainda mais longe quando confessou à sua melhor amiga, Nádia, que não compartilhava do sonho de transformar-se em jovem esposa e mãe. De fato, ela começava a perceber que o casamento equivalia mais ou menos a ser uma criada do marido e dos filhos.

Nádia ficou chocada quando ouviu a decidida Yasmeena explicar que o casamento favorecia os homens em detrimento das mulheres.

– Nádia, ouça o que estou dizendo. Cozinhar três refeições por dia, supervisionar os criados para manter a casa limpa e manter um marido contente provoca envelhecimento precoce. Olhe só nossas amigas que ainda estão nos seus 20 anos – resmungava Yasmeena. – Depois do nascimento de apenas dois filhos, a maioria aparenta ser mais velha do que realmente é.

A verdade é que Yasmeena secretamente desfrutava de sua beleza e sabia que sua aparência abria portas. Na verdade, ela esperava que sua beleza pudesse ajudá-la a sair do pequeno Líbano e viajar pelo mundo.

Sabendo que seus pais não aprovariam isso, manteve silêncio quando se candidatou a um emprego de comissária de bordo em uma grande companhia de aviação do Oriente Médio que tinha escritórios em Beirute. O emprego lhe foi oferecido na primeira entrevista. Pela atitude do supervisor, Yasmeena pôde perceber que sua aparência notável e o belo rosto pesaram na decisão. As companhias aéreas do Oriente Médio ainda eram muito antiquadas em comparação com o moderno ideário de liberação feminina, e não estavam sujeitas a qualquer regulação que as obrigasse a observar discriminações de idade ou peso na contratação de mulheres. De fato, as companhias aéreas colocavam pouca ênfase na educação superior ou conquistas acadêmicas, contratando principalmente jovens mulheres como comissárias de bordo apenas para valorizar a beleza do interior dos aviões, como se fossem objetos caros de decoração que podiam andar e falar.

No começo, o pai de Yasmeena ficou decepcionado com o fato de a filha desprezar a possibilidade de conseguir um grau universitário em qualquer faculdade que escolhesse. Mas ele a amava tanto que logo racionalizou a decisão dela, declarando que "Realmente era benéfico para uma mulher viajar e ganhar um pouco de experiência antes de assumir o controle de uma grande companhia". Também aprovou a decisão de postergar o casamento, já que considerava que não havia nenhum homem que realmente merecesse sua filha. A mãe de Yasmeena ficou irritada ao pensar que sua filha poderia prejudicar sua reputação viajando pelo mundo sem proteção masculina. Mas até mesmo a mãe logo se acalmou depois de interrogar a filha mais nova e descobrir que Yasmeena havia confessado que jamais havia namorado, e provavelmente não faria isso. Quando estivesse pronta para o casamento, voltaria para casa e pediria a seus pais que encontrassem um bom par. Os pais ficaram mais seguros quando perceberam que, quando não estivesse viajando em seu novo emprego, a filha liberal continuaria morando na casa da família e seria a mesma Yasmeena de sempre: modesta, simpática e doce.

Desse modo, Yasmeena abraçou a vida independente, tão alegre durante sua primeira visita a Paris que vagou pelas belas ruas da cidade com um sorriso travesso iluminando o rosto. Seus sonhos tornavam-se realidade. Ficava ainda mais feliz quando pensava em sua irmã de 19 anos, em Beirute, cuja vida era um espelho do que Yasmeena havia evitado. O primeiro filho da irmã era esperado a qualquer dia. Sua barriga estava tão grande que ela bamboleava como uma pata. Apesar de a irmã alegar estar encantada com seu casamento precoce com um homem de negócios bem-sucedido, às vezes suas alegações de felicidade pareciam frágeis, principalmente quando ela confidenciava à mãe e a Yasmeena que o marido exigia sexo a qualquer hora do dia ou da noite, sem considerar que sua primeira gravidez a deixava esgotada. Sexo com o marido era a última coisa em que pensava. Esperava-se que ela atendesse a todos os seus desejos. A mãe de Yasmeena demonstrava pouca simpatia para com a filha, aconselhando que era seu dever manter o marido contente dentro e fora do quarto de dormir.

Mas Yasmeena sentia enorme pena pela situação da irmã mais nova desde aquele dia. Agora, ela muitas vezes observava sua expressão fatigada enquanto esperava pelo marido. Como a maioria dos filhos de libaneses, seu marido havia sido totalmente mimado pela mãe e agora mantinha a esposa ocupada exigindo uma e outra coisa colocada em suas mãos, como se fosse uma criança.

Só em pensar na vida exaustiva que a irmã levava, Yasmeena às vezes dava gritos de alegria por ter escapado de tal existência.

* * *

Invasão do Kuwait

As tropas iraquianas cruzaram hoje a fronteira do Kuwait e penetraram até a capital. Enquanto explosões sacudiam a cidade, a rádio kuwaitiana apelava aos cidadãos para que repelissem o ataque, noticiou a Reuters. "Seu país está sendo submetido a uma invasão bárbara." A rádio prosseguia: "É hora de defendê-lo."

– *The New York Times* (Mundo)
2 de agosto de 1990

Iraquianos exultam, um tanto cautelosos

Motoristas buzinam e piscam os faróis dos carros hoje para celebrar a invasão do Kuwait pelo exército iraquiano.

– *Reuters*, em Bagdá, Iraque
2 de agosto de 1990

No verão de 1990, o Kuwait tinha uma população estimada de 2.155.000. Mais de 60% da população eram de não kuwaitianos, a maioria, trabalhadores estrangeiros. No momento da invasão, estima-se que pelo menos um terço dos kuwaitianos estava de férias no exterior, enquanto o restante estava no interior, embora, durante os sete meses de ocupação, muitos outros fugissem para a Arábia Saudita e dali viajassem para Londres ou outras capitais europeias, onde esperaram a libertação de seu país.

– Dados estimados pela Embaixada do Kuwait
em Washington, Estados Unidos
Agosto de 1990

* * *

Yasmeena desfrutou de alguns anos como mulher independente e trabalhadora, mas seus dias de despreocupada felicidade terminaram abruptamente no dia 2 de agosto de 1990.

Depois de trabalhar como comissária de bordo por dois anos, ela havia construído uma rede de amizades e muitas vezes trocava dias de trabalho com amigas. Então, quando uma amiga que queria sair mais cedo para os feriados pediu a Yasmeena que a substituísse no voo para a Cidade do Kuwait no dia 1º de agosto de 1990, aquilo lhe pareceu um pedido rotineiro. O voo chegou no horário certo na tarde daquela quarta-feira e a tripulação, cansada, viajou para a Cidade do Kuwait, para a folga combinada. Estavam programados para voltar na tarde do dia seguinte, quinta-feira, dia 2 de agosto, voando para Dubai e de lá para Beirute.

Depois de comer um sanduíche e tomar uma caneca de sopa no restaurante do hotel, Yasmeena manteve sua rotina habitual e se retirou cedo. Já dormia profundamente quando explosões a despertaram. No começo pensou que era alguma festa de casamento no hotel, mas quando abriu os olhos para verificar a hora, ficou perplexa ao ver que eram quase 3 horas da manhã. E os hotéis no Kuwait raramente permitiam festividades para além de 1 hora.

Yasmeena virou de lado e colocou um travesseiro por cima da cabeça. Mas era impossível dormir, pois a comoção aumentou. Ela suspirou quando levantou para dar uma olhada pela janela do hotel. Chocada ao ver soldados correndo pelas ruas, esfregou os olhos e olhou novamente. Sim, lá estavam eles, um bando de homens movendo-se de um edifício para outro e atirando uns nos outros. Explosões em vermelho e branco incendiaram o céu escuro. Esfregou novamente os olhos. O cenário parecia uma cena de filme de Hollywood. Mas não havia filmes sendo gravados na Cidade do kuwait.

Yasmeena recuou e se sentou na beira da cama para pensar. Seria um golpe no governo? Será que a família Al-Sabah estava sendo derrubada? Com certeza, a imprensa do Kuwait praticava uma das vozes mais desinibidas do Oriente Médio. Alguns jornalistas havia meses vociferavam queixas, incitando o Kuwait a deixar de ser uma monarquia e se transformar em uma democracia. Ela lembrou vagamente dos problemas entre o Iraque e o Kuwait, e se perguntou se os exércitos de Saddam haviam invadido. Claro que não. Depois de lutar no Irã durante oito anos, qual a razão do ditador iraquiano começar mais uma guerra com outro vizinho?

Ela voltou a espreitar pelas cortinas, mas não podia ver nada com clareza para saber exatamente quem estava envolvido no combate. Seu coração disparava, porque Yasmeena tinha um profundo respeito pela guerra e pela violência. Havia nascido no Líbano durante a guerra civil e, apesar de sua juventude, era capaz de lembrar da selvageria daquele conflito. A guerra do Líbano tornou-se feroz durante os vários anos que sua família passou a viver no vizinho Chipre. Eles tiveram sorte na época: nenhum membro de sua família imediata havia sido morto, e a maior parte de suas propriedades havia sobrevivido. Apenas alguns dos armazéns de seu pai haviam sido destruídos quando os maronitas dispararam foguetes sobre uma comunidade xiita situada bem atrás desses edifícios. Agora os negócios do pai prosperavam novamente.

Quando os ruídos da batalha se tornaram mais fortes, ela percebeu que precisava fazer algo. Abriu a mala e tirou de lá uma blusa e uma saia. Retirou a camisola, a azul bonita com uma imagem da Torre Eiffel, e vestiu-se rapidamente. Foi então que escutou hóspedes fazendo barulho ao passar pelo corredor. Ela se uniu a eles.

No lobby viu vários de seus colegas e foi até eles, abraçando-se nervosos e esperando notícias. A gerência do hotel logo enviou funcionários anunciando aos hóspedes chocados que o exército iraquiano havia invadido o Kuwait. Em poucas horas, disseram aos hóspedes, o pequeno país fora arrasado e todos estavam presos em uma armadilha.

Yasmeena e seus colegas estavam tão atônitos com a nova realidade que não conseguiam decidir o que fazer; e acabaram não fazendo nada. Finalmente, Yasmeena sugeriu que tomassem o café da manhã enquanto tinham oportunidade. Quem sabe o que poderia acontecer?

– Melhor estar com a barriga cheia se formos levados para a prisão – disse, com uma risada alegre, como se a prisão fosse uma ideia ridícula.

Depois de comer um modesto desjejum voltaram em grupo ao quarto do hotel de seu supervisor, onde ficaram sentados por algum tempo, tentando fazer ligações internacionais no telefone do quarto, para alertar as respectivas famílias de que não estavam feridos, mas o serviço telefônico não funcionava mais. Finalmente, o grupo voltou ao restaurante e beliscou um modesto almoço. Justo quando estavam servindo chá e sobremesa, os soldados iraquianos invadiram o hotel. Os soldados agitados fizeram um barulho ensurdecedor enquanto corriam pelos corredores estreitos, derrubando as portas dos quartos com os pés ou com armas pesadas.

Os assustados hóspedes ouviram sem acreditar quando homens com rostos raivosos apontavam armas e gritavam que estavam confiscando o hotel para abrigar os soldados iraquianos.

– Todos para fora! – ordenaram.

Felizmente ela não havia desfeito completamente sua bagagem na noite anterior, de modo que aproveitou a oportunidade para correr até seu quarto. Escapou com seus pertences e se reuniu a seus colegas no gramado do lado de fora do hotel. Ali todos falavam ao mesmo tempo, tentando estabelecer uma linha de ação. O supervisor da tripulação sugeriu que os iraquianos haviam invadido apenas para forçar a família real kuwaitiana a dar para Saddam parte da riqueza do Kuwait.

– Quando a família Al-Sabah pagar o suborno – disse ele com autoridade –, Saddam leva seus soldados de volta.

Yasmeena não disse nada, mas lembrou como Saddam havia sido obstinado durante sua batalha de oito anos com o Irã. Não era um homem de desistir facilmente.

Os pensamentos de Yasmeena estavam cada vez mais dispersos porque o barulho na rua era ensurdecedor. Os kuwaitianos passavam em velocidade pela rua residencial normalmente tranquila, indo para casa e para suas famílias, supôs Yasmeena. Lembrou-se de um programa de televisão em Beirute a que assistira algumas semanas antes, no qual o entrevistador lamentava o trânsito de Beirute e previa que logo os carros seriam capazes de decolar das rodovias e voar como helicópteros.

Yasmeena ansiava que um desses carros voadores aparecesse para que ela escapasse do Kuwait e regressasse ao Líbano. Justamente quando devaneava sobre o resgate por helicóptero, o pai de uma das amigas kuwaitianas de Yasmeena passou de carro diante do hotel. Ele a reconheceu na multidão de hóspedes e parou o carro, inclinando a cabeça pela janela para lhe dizer:

– Yasmeena, você ouviu as notícias? Os iraquianos estão aqui. Venha, venha e fique com minha família até essa confusão acabar.

Yasmeena desejava poder convidar todos os seus amigos a ir com ela, mas sabia que era um abuso pedir àquele homem que assumisse a responsabilidade por 12 pessoas. Assim, uma aliviada Yasmeena disse ao supervisor:

– Irei com ele. Então, não será preciso achar acomodações para mim. Encontro vocês quando o aeroporto reabrir.

– Sim, melhor assim. Nos veremos no aeroporto – concordou o supervisor.

Yasmeena jogou sua pequena maleta no automóvel e subiu no assento traseiro. Ela achava que estaria mais segura na casa de uma proeminente família kuwaitiana. Sabia que seus colegas teriam que depender de estranhos para ajudá-los.

* * *

Yasmeena acomodou-se agradecida na casa de sua amiga kuwaitiana. Sentia-se segura ali, pelo menos no começo.

Depois de apenas alguns dias, o Kuwait parecia estar completamente subjugado, apesar de os iraquianos não terem ainda promulgado novas leis. Durante esse período, a maioria das pessoas não sentia perigo físico pessoal. Mas os soldados iraquianos logo se apoderaram dos sistemas de controle e começaram a arrancar todas as riquezas que encontravam nas lojas e residências particulares dos kuwaitianos. Eram ladrões entusiasmados, apropriavam-se de tudo que tivesse valor: joias, relógios de ouro, televisores e mobiliário de luxo.

Yasmeena e sua amiga viram horrorizadas quando os turbulentos soldados chegaram ao seu bairro, roubando qualquer coisa que pudessem levar ou carregar nos caminhões militares. Depois de tomarem todo o dinheiro, joias, televisores e mobílias de luxo, aqueles soldados arruaceiros começaram a agarrar os adorados animais de estimação, muitos deles de raças caras, enfiando gatos aterrorizados, cães uivando e pássaros exóticos em latas ou caixas, gritando para todos que quisessem ouvir que venderiam aqueles caros animaizinhos por grandes somas nos bazares de Bagdá.

Era fácil compreender a motivação dos soldados para o roubo. Depois da longa guerra do Iraque contra o Irã, quase todos os iraquianos que não fossem da família de Saddam ou seus primos tribais estavam empobrecidos. O regime brutal de Saddam havia deixado os pobres ainda mais pobres.

Os soldados comuns iraquianos nunca tinham visto tamanha riqueza. Alguns deles, entusiasmados, caminhavam exibindo quatro ou cinco relógios Rolex nos pulsos.

Yasmeena ansiava para que eles se fossem; assim ela poderia regressar a Beirute, para junto de seus preocupados pais. Talvez, esperava ela, quando os soldados de Saddam esvaziassem o Kuwait de tudo que fosse valioso, voltassem para Bagdá, a terra deles.

Capítulo 2

Capturada!

Iraque remapeia o Kuwait como província 19:

Bagdá, Iraque – essa nação redesenhou o mapa-múndi na terça-feira, apagando o Kuwait da face do globo terrestre e fazendo do antigo emirado sua nova, e evidentemente a mais rica, província do sul. Em um decreto assinado pelo presidente Saddam Hussein, o Iraque não poupou esforços para remover todas as referências do nome da nação que fora sua vizinha do sul por mais de um século, designando oficialmente o Kuwait como província 19. O mesmo decreto ordenou que a capital da nação, Cidade do Kuwait, passe a ser agora conhecida como capital provincial de Kadima, antigo nome árabe para a região.

– *Los Angeles Times*
29 de agosto de 1990

Os kuwaitianos ficaram em choque, desorientados, nas primeiras semanas da ocupação iraquiana. O governo do Kuwait deixou o país no primeiro dia da invasão. Opera-va agora na cidade montanhosa de Taif, na Arábia Saudita.

O exército kuwaitiano foi rapidamente derrotado. Os civis foram abandonados para lidar com um exército iraquiano agressivo, sem quaisquer boas intenções em mente.

Por natureza, os kuwaitianos não são um povo focado na guerra. Aqueles que permaneceram para enfrentar os militares iraquianos eram, majoritariamente, civis de uma nação pequena e rica, que não conheciam a violência. O cidadão comum kuwaitiano cuidava dos próprios assuntos, acumulava riquezas e não pensava muito sobre a desordem rotineira que costumava assolar o restante do mundo árabe. Pelo menos essa era a opinião de Yasmeena.

Depois da invasão, entretanto, tudo mudou. Os kuwaitianos, que Yasmeena considerara tranquilos por conta de tanta riqueza, logo lhe provaram que a gentileza ocultava homens resolutos e fortes. Os homens kuwaitianos levantaram-se como leões para defender seu país.

Ela anotava metodicamente as atividades da família que lhe havia oferecido refúgio. Logo entendeu que seus membros tinham um pensamento comum, e que lutariam contra os invasores de todas as maneiras possíveis. Os dois filhos, ambos na casa dos 20 anos, estavam profundamente envolvidos com a nova resistência kuwaitiana. Os homens contestavam bravamente os soldados iraquianos, mesmo depois de o exército kuwaitiano ser subjugado.

Os soldados iraquianos, por sua vez, pareciam estupefatos ao descobrir que os kuwaitianos não tinham a menor vontade de fazer parte do Iraque. A Cidade de Kuwait foi renomeada como Kadima e o país foi declarado a 19ª província do Iraque, mas os kuwaitianos não aceitavam tais mudanças e organizaram uma obstinada resistência. Mas a tenacidade kuwaitiana contra o domínio estrangeiro desencadeou um feroz contra-ataque dos soldados iraquianos.

Em pouco tempo, os iraquianos presumiram que todos os jovens kuwaitianos eram parte da resistência, e consideraram alvos todos os kuwaitianos de certa idade. Quando encontraram obstáculos para viajar pelo país, os jovens apelaram a suas irmãs e primas para transportar armas e documentos importantes. Durante algum tempo os iraquianos não suspeitaram das mulheres como combatentes da resistência, de modo que, em um primeiro momento, o plano foi bem-sucedido.

Apesar de a noite pertencer à resistência kuwaitiana, durante o dia as cidades do Kuwait permaneciam calmas. Na monotonia desses dias tediosos, os descomedidos soldados iraquianos procuravam distração. Mas havia poucas opções de lazer, já que todo o país fora destruído, inclusive os parques de diversões, que agora estavam empilhados em montes de metal colorido por toda Bagdá.

Os soldados iraquianos talvez imaginassem que os "silenciosos kuwaitianos", que ainda não houvessem se unido à resistência, poderiam convidá-los para jantares ou festas. Mas estavam equivocados. Apesar de alguns palestinos e pessoas de outras nacionalidades que trabalhavam no reino cooperarem com os iraquianos, os kuwaitianos desprezavam os invasores. Os entediados iraquianos ofendiam-se facilmente, desenvolvendo um temperamento irritadiço, estourando quando os kuwaitianos rejeitavam suas ofertas de amizade.

À medida que passavam os dias, os soldados iraquianos ficavam cada vez mais desagradáveis. Longe de casa, fizeram o que muitos soldados em guerra fizeram desde o começo da civilização humana: começaram a estuprar as mulheres.

Yasmeena começou a ouvir de seus vizinhos kuwaitianos que os soldados iraquianos atacavam as mulheres em suas casas. Yasmeena e as demais mulheres da casa escutavam, apreensivas, notícias de que os soldados haviam estabelecido uma rotina. Arrombavam as portas, amarravam os homens com cordas e os prendiam em áreas isoladas. Depois, forçavam as mulheres a se despir e se revezavam estuprando todas as mulheres entre 12 e 40 anos... ou mesmo de 50, se a mulher mais velha mantivesse uma aparência jovem.

Outros relatos informavam que os soldados às vezes escolhiam as mulheres em determinadas barreiras nas ruas. Se descobrissem alguma mulher fisicamente desejável entre os passageiros, mantinham os homens sob a mira de armas e rapidamente as levavam para serem estupradas.

Vários conflitos armados estouravam nas barreiras quando os kuwaitianos defendiam suas mulheres.

Diante dessas histórias, as mulheres da casa não protestaram quando os homens da casa lhes disseram que se escondessem se ouvissem vozes masculinas desconhecidas.

* * *

"Depois da invasão do Iraque, os kuwaitianos estão sendo submetidos a saques, estupros, torturas e execuções. Com base em inúmeras entrevistas com refugiados, revelamos um retrato horrendo e generalizado de prisões, torturas em interrogatórios, execuções sumárias, estupros em massa e assassinatos não registrados oficialmente."

– *Anistia Internacional*
Setembro de 1990

* * *

Mas, depois de algumas semanas, as conversas sobre ataques sexuais diminuíram. Todos acreditavam que o pior havia passado quando ouviram relatórios equivocados de que Bagdá havia ordenado que esse comportamento desregrado cessasse. A verdade é que os soldados iraquianos haviam imaginado um esquema diferente para agarrar as mulheres e estuprá-las.

Depois de viver algumas semanas com seus anfitriões kuwaitianos, um dos filhos da casa perguntou a Yasmeena se ela poderia levar de carro um pacote de panfletos para outra seção da cidade. Ela concordou, imediatamente entusiasmada em poder apoiar a família que lhe havia abrigado em sua casa. Sabia que a resistência se tornava mais poderosa, e que os iraquianos estavam em alerta máximo por armas escondidas e outros materiais da resistência, mas, naquela época, ela acreditava que o foco estava dirigido somente aos homens. Justamente na véspera, Yasmeena e sua amiga kuwaitiana haviam passado por um bloqueio, onde os soldados iraquianos simplesmente sorriram e acenaram.

Enquanto se vestia para a tarefa, estava animada. Finalmente iria fazer algo que valia a pena.

* * *

Horas mais tarde, Yasmeena estava contente por dirigir sozinha, sentindo-se quase normal, livre e feliz. Seguia cantarolando a memorável música "Ya Habayeb", ou "Meus amados", na voz de Najwa Karam, cantora libanesa, estrela em ascensão. A música sempre animava o espírito de Yasmeena, e naquele dia não foi diferente. Ela também estava satisfeita por ajudar seus amigos na importante causa da resistência.

Ela não tinha como saber que, naquele mesmo dia, os soldados iraquianos estavam implementando uma nova ordem de Bagdá. O comando iraquiano no Kuwait foi informado de que todos os adultos que viviam no Kuwait, independentemente da nacionalidade, do gênero ou da idade, eram agora suspeitos de comportamento criminoso. Todos deviam ser parados e ter os veículos revistados, sem exceções.

Sem saber das novas ordens, Yasmeena, confiantemente, se pôs a caminho. Não sentia o perigo. Estava familiarizada com a maioria das barreiras na área e com os documentos prontos para mostrar, apesar de ter dúvidas se precisaria deles.

Seu ânimo mudou rapidamente quando chegou na primeira barreira na rua Athilali, uma das mais importantes da capital. Sorriu para o jovem soldado parado ao lado da janela. O soldado não respondeu ao sorriso. Sem se comover por sua beleza e juventude, tinha a expressão imóvel enquanto a observava de modo frio e duro. Depois de encará-la por alguns minutos, exigiu que ela saísse do carro e ficasse do lado de fora enquanto eles faziam a revista.

Tudo desabou rapidamente. Três soldados atacaram o automóvel como se fosse um inimigo temível. Rasgaram o assento de couro com um instrumento cortante. Trabalhavam como robôs, movendo-se para examinar a parte debaixo com espelhos presos em uma haste comprida. Depois levantaram o capô, examinando o motor como se jamais houvessem visto algum antes.

Yasmeena estava paralisada de medo, pois sabia que os irmãos haviam escondido os panfletos no porta-malas do carro, enfiados nos fundos de dez molduras grandes, cada uma mostrando um monumento londrino. Outros itens estavam espalhados no porta-malas, colocados ali para distrair a atenção dos soldados que faziam a busca. Havia várias bonecas e animais empalhados, e todos foram rapidamente rasgados com uma faca afiada. Havia uma bolsa com roupas femininas, examinadas antes de serem bruscamente jogadas na beira da estrada. No começo os soldados não prestaram atenção às molduras, até que um, com o olho mais aguçado, notou que as molduras não tinham vidros, e que as fotografias de Londres sobressaíam de dentro das molduras.

Yasmeena engoliu em seco quando o soldado quebrou a moldura e os panfletos apareceram. Olhou desamparada para os papéis que voavam, sussurrando para si mesma: "Estou perdida. Estou perdida. Que Deus me ajude, estou perdida."

A despeito do medo, manteve a compostura quando mostrou aos soldados sua identificação libanesa.

– Nem sou kuwaitiana – disse ela. – Não tenho disputas com vocês, iraquianos. Por que eu iria desobedecer qualquer lei? – Fez um gesto em direção ao veículo. – Ontem mesmo achei esse carro. Estava com as chaves na ignição. Estava abandonado, com as portas abertas. Esperei por uma hora e me apossei dele.

Ela fitou os olhos do homem mais velho, o que tinha mais medalhas em seu uniforme, e disse:

– Vocês sabem como os kuwaitianos são idiotas abandonando seus carros. Peguei um que estava abandonado. Nem olhei para o que havia no porta-malas, podem acreditar em mim.

O soldado mais velho a olhou astutamente, tentando decidir se aquilo era verdade. Ele sabia que o que Yasmeena disse sobre os kuwaitianos e seus carros realmente acontecia. Logo depois de invadir o país, os iraquianos anunciaram que o Kuwait não existia mais. Todos os documentos e registros kuwaitianos já não valiam mais nada. Todos os registros de veículos do Kuwait eram inválidos. Todos tinham que providenciar um registro como iraquianos, já que o Kuwait não existia mais. Segundo os iraquianos, os kuwaitianos haviam desaparecido da Terra, tal como os dinossauros.

Mas os kuwaitianos ficaram indignados com a ordem. Eram kuwaitianos e tinham orgulho disso. Não iriam simplesmente abandonar seus papéis de identidade e registros. Em vez de se submeterem às ordens iraquianas, esconderam seus automóveis, determinados a não dirigir com eles até que os iraquianos abandonassem o país. Se estivessem dirigindo seus carros e encontrassem um bloqueio inesperado no caminho, paravam e abandonavam o veículo e seguiam caminhando. Alguns kuwaitianos queimaram seus automóveis caros, dizendo que preferiam isso a se submeter às ordens iraquianas. E caminhar era bom para a saúde, diziam.

Logo os soldados iraquianos perceberam que o kuwaitiano comum era mais audacioso que a média dos iraquianos. Havia muito tempo que Saddam esmagara a determinação dos iraquianos. É claro, isso aconteceu depois de os iraquianos aprenderem pela força como Saddam Hussein respondia à desobediência.

Mas os kuwaitianos ainda tinham muita determinação e muito orgulho.

Yasmeena não estava preocupada de essa exposição deixar seus anfitriões kuwaitianos em perigo. O automóvel não podia ser rastreado até a família. Ela sabia que a resistência empregava carros abandonados por palestinos, indianos ou pessoas de outras nacionalidades em fuga, de modo que o veículo não estivesse vinculado a nenhuma família kuwaitiana que ainda vivesse no país.

Yasmeena sentiu uma breve ponta de esperança. Talvez os soldados acreditassem que ela havia achado o automóvel e decidido se apossar dele. Como poderia saber que a resistência havia enfiado alguns de seus panfletos nas molduras? Ela sabia que não havia nenhuma data nos panfletos, de modo que o tempo de sua viagem não podia ser conferido.

O soldado mais velho não conseguia se decidir. Se o momento não fosse tão grave, Yasmeena poderia perceber o ânimo de sua decisão. Ele apertou os lábios e suspirou, encarando Yasmeena, e seus olhares cruzaram-se duas ou três vezes, por razões que ela não conseguiu perceber. Mas a precaução superou o desejo de libertá-la, e finalmente ele fez o gesto ordenando que Yasmeena fosse algemada. Ela foi empurrada para um veículo militar, onde ficou sentada escutando os soldados debaterem para onde levá-la.

Os soldados discutiram brevemente antes que um dos homens mais jovens determinasse seu futuro. Em vez de entregá-la à prisão especial para membros da resistência, o soldado disse que sabia de uma prisão especial adequada para ela. Depois de uma longa pausa, o soldado mais velho concordou que ele a levasse. Yasmeena encarou o homem com um olhar suplicante, mas o soldado mais velho deu as costas para interrogar outro motorista.

O destino de Yasmeena foi selado naquele momento. Ela estava chocada demais para resistir quando o soldado mandou que ela saísse daquele veículo e o seguisse até outro. Pensava no que havia escutado recentemente, que os kuwaitianos descobertos transportando itens para a rebelião eram sempre torturados antes de serem executados. Estaria ela sendo levada para a tortura e a execução?

Nunca havia se sentido tão desamparada. A salvação seria impossível, pois ninguém tinha a menor ideia do que estava acontecendo com ela.

Ficou aliviada ao não ser encapuzada e poder observar tudo ao seu redor. Seus pensamentos rodopiavam, sua mente girava mais rápido que uma hélice. Talvez ela tivesse alguma chance de escapar e, se conseguisse, precisava saber para onde correr. Logo o soldado entrou em uma rua lateral e dirigiu para uma área da cidade que não lhe era familiar. A essa altura, Yasmeena já tinha certeza de que seria levada para a tortura e execução. Ou talvez executassem os prisioneiros na periferia da cidade, talvez no deserto? Mas antes de saírem da cidade, o soldado parou diante de um edifício baixo, bege, sem marcas distintivas, mas que, evidentemente, era uma prisão pequena.

Ao lhe ordenarem que saísse do veículo e se dirigisse para a prisão, Yasmeena obedeceu. Enquanto caminhava para a entrada da prisão, dois soldados iraquianos saíram de lá. Ela ficou confusa por alguns instantes até perceber que os dois homens puxavam uma jovem árabe pelos cabelos. A garota chorava.

Yasmeena soluçou. A fraqueza tomou todo o seu corpo até suas pernas cederem como cera derretida, tornando quase impossível sua caminhada. Ela parou um instante, tentando reunir forças enquanto procurava entender o que acontecia com a jovem. O guarda que escoltava Yasmeena gritou e a empurrou para dentro do edifício. Logo ela escutou uma série de tiros e sabia que estava sendo levada para uma prisão na qual ocorriam execuções.

Ao compreender isso, desejou que seus braços pudessem virar hélices e ela pudesse disparar por cima do edifício e voar como um pássaro, com asas poderosas, fugindo desse som de morte, mas seu corpo demasiado humano a mantinha no solo.

Um guarda carrancudo avisou que as garotas que não cooperavam eram eliminadas. O sujeito ameaçador fez um gesto como se cortasse o pescoço. Um segundo guarda apareceu. Olhou Yasmeena e abriu um sorriso, depois silvou como uma cobra, trazendo à sua mente o momento chocante em que uma cobra de verdade, descuidadamente levada por uma rua de Bombai, apareceu perto de seu rosto. Enquanto a cobra passava a centímetros de distância, a cabeça ficava ainda maior e a boca cavernosa se escancarava, silvando alto. Yasmeena quase desmaiou com a visão. Agora aquele homem sibilante causou um choque semelhante. Ela ficou parada, sem se mover até que alguém a empurrou para dentro de uma cela vazia. Uma voz masculina grave ordenou que ficasse parada.

– Não se mexa!

E ali ela ficou, com os olhos castanhos brilhando de lágrimas, os cabelos cintilando e o rosto paralisado com o pânico. Uma dúzia de homens caminhava de um lado para outro, todos a encarando com olhos alertas, as cabeças movimentando-se como robôs automáticos, examinando cada centímetro seu, da cabeça aos pés, com os olhos protuberantes demorando mais na área do peito.

Pela primeira vez em sua vida, ela sentiu os seios como inimigos que colocavam sua vida em perigo. Yasmeena lembrou de sua mãe, com seios fartos, e agora esses seios herdados provocavam homens adultos a pensar no que fariam se pudessem agarrá-los com as mãos, ou usá-los como travesseiros para seus rostos. Esse cenário de homens ávidos planejando avanços a seu corpo era como um filme pervertido. Ela mal conseguia pensar, apesar de a cabeça doer, reconhecendo que se encontrava na pior situação de sua vida.

Então uma voz profunda e baixa foi ouvida e os homens ficaram em silêncio. Um iraquiano alto, com o duro olhar de comandante, subitamente apareceu diante dela, seu olhar inexpressivo tão diferente dos demais. Depois de alguns instantes, ele balançou a cabeça e disse:

– Essa é minha.

Os outros homens se dispersaram, o interesse por uma mulher que sabiam que jamais poderiam possuir desaparecendo. O Capitão havia falado.

O homem a quem chamavam de Capitão caminhou pelo longo corredor, saindo das vistas de Yasmeena sem dirigir-se diretamente a ela.

Capítulo 3

Escrava sexual

Dez horas depois de ser humilhada e continuadamente estuprada, Yasmeena estava sentada imóvel, o olhar perdido, o corpo coberto com um sujo cobertor marrom. Fisicamente prostrada pela dor do ataque, ela não ousava se mexer. Todo o corpo tremia de dor, mas nenhum lugar doía mais que suas partes íntimas. O sangue havia escorrido dali por muito tempo depois de o Capitão tê-la abandonado, e agora ela temia que o sangue jorrasse novamente, de modo que se sentou sem se mover muito. Apesar de os soldados passarem por ela, os olhares cobiçosos apenas confirmavam que eles eram indiferentes à sua sorte. A prisão era governada por homens com coração de pedra e nenhum deles lhe ofereceria assistência ou meio de fuga.

Yasmeena estava terrivelmente perturbada pelo fato de ter sido um muçulmano quem a estuprara. Os homens muçulmanos supostamente deveriam proteger as mulheres muçulmanas, ou pelo menos isso lhes era ensinado desde a infância. Como a maioria das muçulmanas, desde o momento em que nasceu, Yasmeena viveu em uma bolha de proteção. Ela pouco sabia dos homens e de seus apetites sexuais porque era mantida a distância desse tipo de assunto, tópico proibido para as solteiras. Antes de buscar a carreira de comissária de bordo, ela mal havia se aventurado para fora do círculo familiar. Mesmo depois de começar a viajar a trabalho, as colegas comissárias cuidavam umas das outras. Yasmeena raramente ficava a sós.

Agora, estava realmente sozinha, pela primeira vez na vida. Mas seria um breve descanso, pois logo viu seu estuprador abrir caminho em sua direção.

Ela se encolheu quando viu sua expressão apática. Pela experiência anterior, sabia que o mal em sua mente não era visível no olhar nem na expressão facial. Mas ele estava claramente em uma missão. Com uma das mãos ele carregava um aparelho eletrônico e na outra balançava uma cadeira. Era um homem desajeitado, e depois de abrir a grade da cela, tropeçou ao redor, batendo a cadeira contra as barras de metal, para colocá-la em um canto da pequena cela. Ele colocou o rádio/gravador no chão antes de arrastar um banquinho de madeira do canto, um banco que Yasmeena não notara até aquele momento. Acomodou-se na cadeira e apoiou os pés no banco. Estava arquejante, mas sua atitude continuava moderada. Como na noite anterior, era um homem que não se comovia com seu ato maligno de estuprar uma virgem. Encarou-a por longos instantes antes de perguntar:

– Você se divertiu na noite passada?

Yasmeena engoliu em seco, mas não respondeu.

Ele deu um sorriso malicioso.

– Sei que você se divertiu. Pode muito bem reconhecer isso.

Yasmeena continuou sentada e em silêncio, mas tremia de medo, esperando um segundo ataque sexual daquele homem que ela não conhecia.

Antes de olhar ao redor da cela, ele perguntou:

– Precisa de alguma coisa?

Sua boca estava tão seca que ela teve dificuldade para falar, finalmente murmurando duas palavras importantes:

– Comida. Água.

O estuprador pareceu surpreso, percebendo pela primeira vez que ela havia sido deixada por muitas horas sem água ou alimentação. Chamou seus homens, ordenando que trouxessem comida, água e dois baldes; um para que ela se lavasse, e o outro, para usar como toalete.

– Meus homens trarão as coisas – disse ele. – Coma algo. Tome um banho. – Ele se levantou. – Volto mais tarde. – Abriu novamente seu sorrisinho sinistro. – Depois vamos nos divertir de verdade. Vai ser ainda melhor que na noite passada.

Apesar de Yasmeena estar com o estômago doendo de medo pelo que poderia sofrer, conseguiu engolir alguns pedaços de um ovo cozido sem sal e um pedaço de pão árabe velho. Bebeu um copo de suco de maçã morno antes de aliviar-se no balde. Tentou lavar o corpo, mas estava tão machucada que teve dificuldade para fazer algo mais que passar um pano úmido.

O Capitão cumpriu a promessa de regressar. Sentou-se durante algum tempo, agindo como se estivesse ali para uma visita agradável e falando em voz baixa sobre amenidades, até mesmo se queixando da dificuldade de achar uma boa lavanderia na Cidade do Kuwait para lavar seu uniforme. Estava irritado porque os trabalhadores das lavanderias haviam fugido do país.

Yasmeena, ainda chocada com o trauma de haver sido estuprada, ficou sentada sem falar, forçando-se a mostrar interesse pelas palavras dele, pensando que o Capitão tentava convencer-se que sua depravação era normal.

Logo ele ficou pronto para a "diversão", como dizia, e mais uma vez ordenou que Yasmeena se despisse. E lhe contou seus planos enquanto ela vagorosamente tirava a blusa rasgada e a saia.

– Vi um filme americano hoje de manhã. Quero que você faça algo especial que vi – falou o Capitão.

O corpo de Yasmeena tremia tanto que seus dentes chacoalhavam.

O estuprador levou a cadeira para trás de uma parede que ocultava um pequeno canto da cela. Yasmeena supôs que a parede estava ali para permitir aos prisioneiros privacidade para usar o penico ou se lavar.

O Capitão foi bem específico quando lhe contou o que ela devia fazer. Explicou o rádio/gravador:

– Trouxe uma fita de música especialmente para nós. A música vai tocar. E enquanto a música tocar, você fará o que eu mandar.

Yasmeena logo compreendeu que devia se comportar como uma stripper, algo sobre o qual nada sabia. Ficou ali, nua e parada, apesar das mãos instintivamente cobrirem suas partes. Caiu em lágrimas.

– Não consigo. Não sei. Não sei o que você quer – protestou ela.

Ele apertou os lábios.

– Você vai me satisfazer, ou satisfará todos os soldados sob o meu comando. A escolha é sua, minha querida.

Ela assentiu, sem falar, tonta com a ideia de que devia aceitar uma forma de tortura para evitar outra ainda pior. Seria estuprada por um homem ou por dúzias de homens. Foi então que compreendeu tudo aquilo completamente. Devia agradar seu estuprador, ou seria forçada a sofrer o estupro por muitos outros.

O Capitão rapidamente despiu-se e se sentou na cadeira.

Ela conscientemente evitou olhar o corpo dele.

Ele apertou um botão no gravador de fita e a música começou. Gesticulando para que ela subisse nele, resmungou:

– Faça o que mando.

Yasmeena sentiu que seu corpo estava tão rígido quanto a cadeira de madeira, mas, tendo em mente a ameaça de outros homens estuprá-la, tentou sem sucesso repetir o que ele havia exibido para ela. Não aguentava ver o rosto ávido antecipando seu corpo, de modo que fechou os olhos. Sentiu seus seios pesados balançando e sentiu-se mais humilhada que qualquer mulher poderia ficar. Era um fracasso completo como dançarina porque tentava manter o corpo despido o mais distante possível do estuprador. O Capitão começou a gemer, indicando que queria tudo de novo, de modo que a obrigou a deitar-se e a estuprou novamente.

Ainda machucada pela noite anterior, ela começou a chorar, mas suas lágrimas apenas fizeram que ele a estuprasse com ainda mais vigor.

O tempo passou vagarosamente. Talvez duas horas mais tarde, ele finalmente se retirou. Saiu de bom humor, prometendo regressar logo. Antes de sair, apertou um de seus seios e disse:

– Isso foi o melhor.

Enquanto Yasmeena deitava exausta e nua no chão, as lágrimas irrompiam de seus olhos, descendo pelas bochechas e entrando em seus ouvidos. Justo quando pensava que nada na vida podia ser pior, escutou os gritos mais angustiados que jamais ouvira. Os guinchos que ouvia eram ainda mais altos do que a vez em que a irmã mais nova metera a mão em uma panela de água fervente e tivera queimaduras tão sérias que precisou ser levada ao hospital.

O que estava acontecendo? Será que uma garota estava sendo torturada até a morte?

A infeliz garota gritou até que Yasmeena colocou os indicadores nos ouvidos, tentando, sem sucesso, não escutar a agonia.

* * *

No dia seguinte, o Capitão informou a Yasmeena que ela era uma das 15 garotas mantidas na prisão. E todas estavam a serviço dos soldados.

– Nós merecemos – disse ele. – Somos soldados que arriscam suas vidas. Nossas mulheres e namoradas não estão disponíveis. E todo mundo sabe que precisamos de mulheres ou seremos incapazes de cumprir nossos deveres como soldados. Se os homens não tiverem mulheres, ficarão fracos demais para lutar. Qualquer pessoa inteligente sabe disso.

Yasmeena ignorou essa conversa abusada, mas criou coragem para perguntar:

– Quem era a garota que gritava? Ela gritou por mais de uma hora.

O Capitão não esboçou qualquer reação por alguns segundos, depois disse:

– Ah Essa garota. É uma kuwaitiana. O nome dela é Lana, ou coisa assim. Não é muito esperta. Fica lutando para manter algo que já perdeu. – E sorriu, certamente se considerando um comediante, supôs Yasmeena.

Ela falou sem pensar:

– Posso visitá-la?

Para sua surpresa o Capitão fixou os olhos nela sem falar, depois sacudiu os ombros.

– Por que não? Você é uma garota esperta. Talvez consiga convencê-la a cooperar. Essa resistência barulhenta está me perturbando. Se ela não parar com essa teimosia, vou mandar executá-la.

Um frio percorreu o corpo de Yasmeena. Seu estuprador estava tão convencido do direito dos homens de raptar e estuprar mulheres que se enraivecia quando a vítima não aceitava seu estuprador. Naquele instante Yasmeena soube que precisava ser submissa, ou ele ordenaria que ela também fosse executada. Ao mesmo tempo que estivesse cooperando, tentaria enganá-lo. Enquanto isso, seria uma mulher complacente que aceitaria seus ataques sexuais.

Assim, quando ele buscou seu corpo, ela se forçou a se sentar quieta, a aceitar o que estava por vir. Ele puxou seu vestido, abaixando-o até a cintura, agarrando seus seios com brutalidade. Ela viu com nojo quando os lábios borrachentos se abriram e a língua explorou seu corpo. Esqueceu-se momentaneamente de sua decisão de cooperar e instintivamente se afastou, mas os olhos dele brilharam com raiva e pela primeira vez ele mostrou seu lado violento. Sem uma palavra de aviso, sua boca se escancarou e ele a mordeu forte, duas vezes em cada seio, antes de chupá-los como se estivesse esfomeado e o jantar estivesse servido. Algo disse a Yasmeena que ela estava em uma perigosa encruzilhada com o Capitão, de modo que engoliu em seco e aceitou suas mordidas, até forçando um sorriso como se tivesse passado a vida toda desejando que aquele homem lhe mastigasse os seios.

O Capitão continuou chupando e ela continuou sorrindo. Yasmeena, temerosa, imaginou o homem consumindo todo o seu corpo, engolindo sua carne, pedacinho a pedacinho. Mas ele não fez isso.

Capítulo 4

Lana

Dois dias depois, Yasmeena surpreendeu-se quando um dos guardas apareceu na cela. Disse que iria escoltá-la para visitar uma das prisioneiras. Yasmeena ficou instantaneamente animada. Desde que havia sido raptada, suas conversas haviam se limitado apenas ao homem que a estava estuprando brutalmente. Agora ela sabia que o estuprador cumprira a promessa e permitiria que ela visitasse a garota kuwaitiana.

Naquela manhã, mais cedo, Yasmeena tomara um banho com esponja e estava vestida com uma capa extravagante que o Capitão a mandara usar, de modo que estava pronta para sair da cela claustrofóbica.

O guarda secamente ordenou que Yasmeena não olhasse, e ela assim o fez, sabendo que devia ser obediente ou o Capitão recusaria todos os futuros pedidos. Olhou diretamente para a frente, sem deter o olhar em nenhuma outra prisioneira, apesar de estar ansiosa para conhecer todas as mulheres, ouvir suas histórias e, o mais importante, dar e receber conforto em troca. Sabia que todas as mulheres cativas poderiam ganhar forças se pudessem pelo menos trocar algumas palavras umas com as outras. Mas isso não aconteceria, pelo menos por enquanto.

Depois de passar por algumas celas, o guarda parou diante de uma porta particularmente reforçada. Yasmeena olhou para dentro, ansiosa, desejando finalmente conhecer a Lana cujos gritos havia escutado. Pôde ver apenas uma pessoa pequena que dormia em um colchão, o corpo todo escondido debaixo de um cobertor sujo. Essa deve ser a garota Lana, deduziu.

Yasmeena logo se viu trancada na cela com a prisioneira adormecida, e o guarda entoou:

– Volto em uma hora.

Não havia movimento sob o cobertor. Ela esperava que a garota não estivesse morta. Seus gritos desesperados haviam convencido Yasmeena de que ela estava sendo assassinada. Não havia como confundir os gritos de Lana com as súplicas das outras garotas. Seu terror agitado era único.

Yasmeena falou com suavidade:

– Lana? Sou Yasmeena. Estou aqui para visitá-la.

Não houve movimento.

– Lana?

O cobertor deslizou para o lado e um rosto pequeno e delicado apareceu. A garota não disse nada, mas piscou, claramente surpresa com a visita inesperada.

– Está tudo certo, Lana. Tenho permissão para estar aqui.

Lana piscou novamente. Apesar de necessitar de um banho, a sujeira acumulada em seu rosto não diminuía em nada sua beleza. Yasmeena considerou Lana a mulher mais bonita que já vira. Cada traço de seu rosto era perfeito. Seus enormes olhos negros tinham forma de amêndoas e eram muito expressivos. Sobrancelhas negras pareciam dramaticamente asas perfeitas. Seu nariz era delicado e os lábios rosados, bem volumosos. A garota tinha pele levemente morena e cabelos negros e sedosos. Se vivesse na América, alguém a atrairia para Hollywood, onde ela se tornaria uma estrela de cinema, talvez competindo pelo disputado título de garota mais bonita do mundo.

Yasmeena ficou de pé em silêncio. Lana era tão bonita que foi preciso algum esforço para afastar os olhos de seu rosto. Yasmeena sentia-se comum, em comparação, apesar de saber que a maioria das pessoas a achava atraente.

– Quem é você? – perguntou Lana, com voz baixa mas rouca.

– Sou Yasmeena. Também sou prisioneira. O Capitão me requisitou.

– Ah! Tenha cuidado. Tenha cuidado. O Capitão já raptou duas garotas kuwaitianas. E depois de apenas alguns dias mandou executar as duas.

Yasmeena empalideceu, mas recuperou sua compostura. Não estava surpresa. Já havia desconfiado que seu estuprador era um homem perigoso. O rosto calmo e a voz suave ocultavam um muro de hostilidade. Depois de apenas uma semana de ataques ela podia imaginar que ele estuprara outras garotas com a frieza que lhe permitia ordenar a execução delas apenas alguns dias depois do estupro.

– Você está certa, Lana. Todas devemos ser muito cuidadosas neste lugar.

Yasmeena sentou-se, contando a Lana algo sobre sua desastrada jornada até a prisão. Lana escutou, feliz por ter outra pessoa por perto além dos brutais estupradores.

No final de sua história pessoal de dor, Yasmeena perguntou:

– E você, Lana? Como você veio parar neste lugar?

Lana suspirou.

– Hoje eu deveria estar em Londres. Não deveria estar na Cidade do Kuwait no dia em que os iraquianos invadiram. Mas minha irmã mais nova adoeceu uma semana antes, exatamente no dia em que nossa família deveria viajar de férias.

Yasmeena sorriu e assentiu. Sabia que muitos kuwaitianos tinham o costume de viajar de férias em julho e agosto, deixando seu reino cheio de calor em busca de temperaturas mais suaves, em lugares agradáveis.

Lana explicou mais:

– Meu pai tinha reuniões de negócio importantes em Londres, já agendadas, de modo que se viu obrigado a manter os compromissos. Levou meus dois irmãos com ele. Mamãe insistiu que eles fossem, e que seguiríamos logo que minha irmã melhorasse.

Lana suspirou e soluçou.

– Quem poderia saber que a disputa entre Saddam e o emir terminaria em guerra? Quem poderia saber isso? Saddam está sempre brigando com alguém.

– Pensei a mesma coisa! Pensávamos que ele estivesse cansado de guerra depois de oito anos batalhando contra os iranianos – interrompeu Yasmeena.

– De qualquer modo, jamais pensamos que as palavras de raiva terminariam em guerra. Nossas malas estavam arrumadas e nossos voos haviam sido remarcados para o dia 4 de agosto. Mas você sabe o que aconteceu. Depois da invasão, mamãe ficou presa aqui com três filhas.

"Depois que os iraquianos chegaram, deveríamos ter nos juntado aos outros kuwaitianos que fugiram. Havia muitas mulheres cujos maridos estavam fora do país. Essas mulheres não perderam um instante. Carregaram os carros e dispararam para a fronteira, atravessando o deserto até a Arábia Saudita. Mas mamãe hesitou. Ela havia feito a peregrinação de Haj até Meca, alguns anos atrás, e lembrou que as mulheres sauditas eram proibidas de dirigir. Ficou com medo que fôssemos detidas quando cruzássemos a fronteira. Decidiu ficar no Kuwait e enfrentar os iraquianos em vez de fugir."

A expressão triste de Lana se tornou mais grave ainda.

– E aqui estou – concluiu ela.

Yasmeena fez um barulho com a garganta e deu uma palmadinha no braço de Lana.

– Vamos sobreviver a isso. Vamos sim, Lana.

A história de Lana transportou seus pensamentos de volta ao dia da invasão e ela comentou:

– Gostaria de saber o que aconteceu com aquelas corajosas kuwaitianas. A última visão que tivemos delas foi de seus cabelos soltos na brisa, as vozes altas e gritando com qualquer coisa ou pessoa que aparecesse no caminho delas, e seus filhos gritando excitados. – Ela soltou um risinho. – Eram mulheres que saíam em uma aventura! Que espetáculo!

Lana voltou novamente para seus pensamentos profundos, olhando para o vazio, momentaneamente esquecendo a visitante. E finalmente falou:

– Às vezes imagino estar fora dessa realidade. Mudo meu passado de modo que meu futuro não chegue. Quantas e quantas vezes pensei como a vida seria diferente se mamãe tivesse tido a coragem de se unir à caravana de mulheres em sua jornada pelo deserto. Talvez houvesse terminado mal, se nos perdêssemos. Talvez tivéssemos morrido de sede. Mas, provavelmente, teríamos passado por tudo isso e agora estaríamos em Londres com papai, comprando belas roupas na Harrods e comendo em bons restaurantes. – Lana abriu um sorriso aberto, pensando nesse desfecho.

Yasmeena pensou que o mais importante era que Lana teria perdido sua virgindade na cama de casada e se poupado de saber o que era ser estuprada diariamente por uma criatura que ela acreditava ser mais besta que humana.

Lana retomou a narrativa:

– Meu coração me diz que não saberei mais nada do Kuwait. Vou morrer com muitas coisas desconhecidas em minha mente.

Lana ansiosamente compartilhou sua saga com a nova amiga, Yasmeena, contando que seu pai jamais permitiria que ela saísse de casa, seja lá qual fosse a emergência. Mas a mãe, em pânico, não sabia o que fazer. Naquele momento de crise ela passou um ou dois dias caminhando freneticamente em círculos, tentando telefonar para o pai de Lana. Um dia depois, a mãe caiu de cama, com a mesma doença que a irmã; estavam realmente ilhadas. Quando ficou ainda mais enferma, a mãe finalmente localizou um médico que havia cuidado de suas filhas e ele confirmou que ela precisava de remédios. Apenas duas semanas depois da invasão, ela mandou a filha mais velha com o motorista da família pegar os remédios receitados pelo médico, que estavam na farmácia local. Normalmente, o farmacêutico teria enviado seu entregador palestino para levar os remédios a um cliente importante, mas dois dias depois da invasão o sujeito havia fugido do país para voltar para a casa de sua família na Jordânia.

– Mamãe me pediu que fosse buscar os remédios. Ela não tinha a menor ideia do que acontecia fora da nossa vila. Havíamos nos trancado lá dentro, mantendo a casa às escuras, com medo de fazer qualquer coisa além de espreitar pelas janelas. Como ela poderia saber que os soldados iraquianos estavam raptando as mulheres nas ruas?

– Ah, Lana, sinto muito.

Lana nem respondeu a isso, ainda ansiosa por confidenciar-se com alguém, com qualquer pessoa.

– Fui condenada no momento em que saí do carro para entrar na farmácia. De repente, um grupo de soldados inimigos colocou-se no meu caminho. Era a primeira vez que os via de perto. Eles me encararam sem dizer uma palavra e um deles me agarrou. Antes que eu pudesse gritar, uma enorme mão tapou minha boca e fui arrastada por três soldados. Nosso motorista provavelmente nem percebeu o que aconteceu. Mamãe, sem dúvida, acha que eu desapareci em pleno ar.

Lana soltou um soluço abafado, mas não derramou lágrimas.

Lágrimas, entretanto, escorriam pelo rosto de Yasmeena. Lana era tão jovem, uma pequena criança de 16 anos, diante dos 23 anos de Yasmeena. Yasmeena compreendeu que sua própria situação podia ser muito pior.

O guarda apareceu subitamente, dizendo a Yasmeena:

– Vamos, seu tempo acabou.

Yasmeena ajoelhou-se para abraçar Lana, que ainda estava na mesma posição reclinada.

– Estou ali no corredor, só a alguns passos de distância. Voltarei, Lana. Seja forte.

Com um abraço apertado, Yasmeena desapareceu de Lana como se fosse uma miragem.

Capítulo 5

O Lobisomem

A estimativa é de que os soldados iraquianos estupraram pelo menos 5 mil kuwaitianas durante a invasão do Kuwait pelo Iraque.

– *Rape of Women As an Instrument of War*
http://www.gistprobono.org/id189.html

Depois de sair da cela, Yasmeena continuou atormentada pela situação de Lana, mas, a cada visita, ela soube de mais detalhes da captura de sua jovem amiga, do aprisionamento e dos estupros continuados.

Para meus leitores: Lana confidenciou o que se segue a Yasmeena

Depois de ser agarrada na rua e enfiada em um veículo militar, mãos ásperas apalparam o corpo de Lana enquanto ela era levada pelas ruas da Cidade do Kuwait. Finalmente foi arrancada do veículo e enfiada em uma prisão, na cela de número 11. Um soldado de rosto duro exigiu seus documentos de identificação, mas ela não tinha nenhum.

– Meus papéis ficaram com o motorista – respondeu ela com voz suave.

Sem os papéis, os soldados não sabiam nada a respeito dela. Nome, idade, endereço residencial e, o mais importante, os detalhes sobre sua família eram desconhecidos. Mas um soldado continuou exigindo saber seu nome e sua idade. Ela estava assustada demais para continuar em silêncio. Finalmente, a verdade irrompeu de sua boca, em um jato.

– Meu nome é Lana. Tenho 16 anos de idade.

Os carcereiros ficaram entusiasmados com sua idade. Sabiam que uma garota kuwaitiana de 16 anos seria virgem. Ela escutou apavorada enquanto os cinco soldados falavam sobre como tinham sorte de encontrar uma garota tão jovem. Eles haviam saído com uma tarefa simples, comprar pílulas contra dor de cabeça para uma das mulheres que haviam raptado. Nunca se sabia o que podia acontecer em uma saída ocasional, quando não havia nenhum controle para restringir suas ações.

Ao se ver nas garras da maldade pura, Lana teve dificuldades para respirar. Observava os homens, a boquinha abrindo e fechando sem acreditar, sem saber que parecia um peixe arfando depois de sair da água. Mesmo estando em choque, não pôde deixar de comparar os homens entre si. Quatro deles pareciam normais. Três dos cinco tinham feições agradáveis, de jovens que ninguém poderia pensar que descessem tão baixo a ponto de estuprar garotas inocentes. Dois eram muito jovens, não mais de 18 ou 19 anos. Mas um deles era diferente de qualquer homem que Lana já tivesse visto. Era um sujeito enorme, intimidador, com pele cheia de cicatrizes. Olhava para ela com um sorrisinho de ódio e fazia gestos obscenos, demonstrando algo que Lana tinha certeza de que era ruim, apesar de não ter certeza do significado. Ela enrubesceu e olhou para o outro lado.

Por incrível que pudesse parecer, os homens discutiam "quem a teria". Como todos os cinco a viram no mesmo instante, decidiram que não havia nada a fazer a não ser tirar cara ou coroa, com o ganhador final ficando com ela. Dois dos mais jovens foram os primeiros a disputar. O ganhador disputou com o terceiro. O vencedor dessa rodada havia sido o sujeito ameaçador, e os dois jogaram a moeda. Lana esforçava-se para respirar, as mãos cobrindo a boca. Rezou para Alá para que o tipo abominável não fosse o vencedor.

Mas ele não perdeu.

Percebendo que havia ganhado aquela mulher belíssima, o sujeito ameaçador sorriu pela primeira vez, apressando-se na direção de Lana, como se não pudesse esperar nenhum instante a mais para colocar as mãos nela.

O homem estava dentro da cela e caminhou em sua direção antes que ela pudesse reagir. Dizia alguma coisa, mas suas palavras eram praticamente ininteligíveis. Era assustadoramente agressivo, e levou apenas segundos para rasgar suas roupas. Desde que havia deixado de ser bebê, nenhum homem jamais vira Lana sem roupas. O homem a segurava apertando seu pescoço com o antebraço, enquanto a outra mão rasgava suas roupas.

Lana jamais havia visto um homem nu. Não sabia nada sobre sexo, apesar de compreender que algo secreto acontecia durante a noite entre maridos e esposas; mas, como a maioria das garotas de sua idade, era tímida demais para fazer perguntas e se contentava em esperar a mãe achar apropriado lhe contar.

Lana não conseguia acreditar que sua vida havia mudado com um jogo de cara ou coroa. Em um momento estava junto com sua mãe protetora e suas irmãs mais novas e, no momento seguinte, de pé dentro de uma cela de prisão com um estranho, além disso, um estranho despido. Lana não tinha ideia do que aconteceria em seguida, mas seu fôlego escapou quando o homem a jogou no chão duro. Ela gritou, lutando o quanto uma garota pequena podia lutar, mas o homem separou suas coxas e deslizou entre suas pernas. Depois de empurrar e descer sobre ela pelo que parecia ser uma eternidade, ele entrou! Um líquido espirrou do corpo de Lana, e algo lhe disse que era sangue. Ela não conseguia parar de gritar. Tentou agarrar os olhos dele com os dedos, mas, com apenas uma das mãos, ele facilmente prendeu as duas dela. Lana tentou chutar, mas não conseguia ficar em uma posição em que pudesse machucá-lo. Ela só sabia que *tinha* que tirá-lo de dentro dela. Sentia-se abarrotada com a coisa que havia visto, a sensação de comprimento e grossura tão grande que ela pensou que podia ir até seu estômago ou sair por sua garganta, como os horrorosos extraterrestres que uma vez viu em um filme.

Antes de desmaiar, ouviu a voz tremendo de excitação que proclamava:

– *Você é minha!*

Capítulo 6

O Capitão

O estupro na guerra não é simplesmente uma questão de oportunidade, de vítimas mulheres estarem no lugar errado, na hora errada. Nem é questão de sexo. Na verdade, é uma questão de poder e controle "estruturado pelos soldados" e suas noções de privilégio masculino, pela força das linhas de comando e pelas desigualdades de classe e etnia das mulheres.

– *Rape and Sexual Abuse of Women in International Law*
http://www.law-lib.utoronto.ca/Diana/fulltext/chin2.htm

Daí em diante Yasmeena recebeu permissão para visitar Lana mais de uma vez. O Capitão a fez acreditar que poderia continuar com as visitas. Depois de conhecer a desafortunada Lana, Yasmeena compreendeu que sua situação poderia ser muito pior do que era. De fato, de muitas maneiras, tinha mais sorte que as outras 14 jovens cativas. Além de serem estupradas, a maioria das garotas era rotineiramente espancada. Gritos angustiados muitas vezes reverberavam como uma tempestade pela prisão. Apesar de o Capitão ser agressivo, não a espancava. Apesar de sinistro, ainda não havia se tornado abertamente violento.

Na verdade, ele disse a ela logo no dia seguinte que iria instalar cortinas do teto ao chão, escondendo-a dos olhares de seus homens. Ela sorriu de verdade pela primeira vez desde sua captura. Quando alguém é prisioneiro, os menores favores são capazes de gerar muita alegria. Ela ansiava por um pouco de privacidade, por uma solidão que não existia. A qualquer momento em que se acocorasse sobre a latinha que servia de toalete ou lavasse o corpo com a água do balde azul, os soldados propositadamente passavam pela cela de modo que pudessem ter uma boa visão de seus seios e das pernas bem-torneadas. Por essa razão, ela muitas vezes atrasava a ida ao toalete até que a dor a fizesse pensar que a bexiga iria estourar.

A despeito de sua posição como escrava sexual escolhida do Capitão, Yasmeena levava uma vida de terror. Passava muitas horas do dia e da noite nervosamente esperando seu estuprador. Felizmente para Yasmeena, seu estuprador era também um militar, cheio de autoimportância por seu papel em ajudar a subjugar o Kuwait e os kuwaitianos. Por isso, raramente ela era estuprada mais de uma vez ao dia, o que era bom. A maioria das garotas era estuprada mais frequentemente, e nenhuma mais que a pobre Lana.

A espera era particularmente difícil porque Yasmeena nunca sabia qual nova fantasia sexual o Capitão havia ouvido de seus homens ou descoberto assistindo a vídeos pornográficos. Ele usava seu corpo exuberante como diversão, a cada dia pensando em algo novo a fazer com ela.

Yasmeena tentava se manter mentalmente ativa, para manter sua mente longe daquela realidade, mas o que uma escrava sexual podia fazer em uma cela nua a não ser se sentar e reviver o horror de ser estuprada? Depois de dizer ao Capitão que enlouqueceria sentada em uma cela nua sem nada para fazer, ele a presenteou com um maço de revistas de moda e vários livros de bolso. Mas servir como escrava sexual significava que nada de uma vida normal poderia ser vivido da maneira adequada. Agora, ela se espantava de quanto tempo havia passado arrumando os cabelos, e aplicando maquiagem, como se a perfeição fosse algo crucial para sua felicidade, ou se queixando de um vestido que não ficara bem em seu corpo. Agora, sabia que nada do que antes havia acreditado ser essencial tinha qualquer importância.

Ela finalmente desistiu quando percebeu que não podia mais compreender o que estava lendo. Desde então, as revistas ficaram como pedras inúteis em sua cela.

O Capitão e alguns dos outros estupradores haviam roubado alguma loja de departamento e presentado as garotas com maquiagem, perfume, xampu, sabonete e roupas íntimas sensuais, dizendo que esperavam que as garotas tivessem boa aparência o tempo todo. Com seu modo presunçoso, o Capitão disse a Yasmeena que era um homem que merecia o melhor, de modo que exigia que ela parecesse uma participante de concurso de beleza ou uma estrela de cinema quando ele fosse estuprá-la. Yasmeena tinha que sentar no calor da prisão completamente maquiada, para o caso de ele dar um pulinho para uma estuprada rápida. Ele alegava que gostava de despi-la e se deliciava com seu belo corpo cada vez que o via.

Yasmeena, mais uma vez, se atormentava com o horror de sua situação, quando ouviu a voz característica do Capitão falando com um de seus homens. Respirou fundo várias vezes, tentando acalmar os nervos, preparando-se para o assalto sexual.

Enquanto ela esperava para ser estuprada, Lana começou a berrar:

– Alá! Salve-me! Mamãe! Salve-me! Papai! Salve-me!

Várias outras prisioneiras começaram a gritar:

– Que Deus a ajude!

Os ruídos já familiares do espancamento, de punhos batendo na carne, pontuavam os altos gritos.

O ricochete de tanto sofrimento humano era insuportável para ela.

Justo nesse instante, o Capitão abriu a porta da cela e entrou. Yasmeena percebeu pelo seu rosto que ele estava irritado com alguma coisa. Talvez fosse o clamor emitido pelas mulheres angustiadas. O Capitão acreditava que todas as mulheres deviam submeter-se pacificamente, até de modo agradecido, ao seu destino e aproveitar o máximo.

Mas, naqueles dias, suas frustrações costumavam ser provocadas por problemas na ocupação militar. A tarefa de fazer do Kuwait a 19ª província do Iraque não corria tão tranquilamente quanto fora planejado no começo. Os kuwaitianos mantinham-se fortes em sua resistência, unindo-se para uma rebelião amotinada e provando a si mesmos ser inesperadamente mais espertos e poderosos do que um pequeno grupo de civis sem treinamento deveria ser. Outro problema foi a rápida reação da primeira-ministra britânica, Margaret Thatcher, e do presidente norte-americano George Bush, exigindo a retirada do exército de Saddam Hussein do Kuwait. A partir daí, muitos outros países simpáticos à causa dos kuwaitianos se alinharam aos americanos e aos britânicos, e agora reuniam seus exércitos nos vizinhos desertos da Arábia Saudita. E todos prometiam marchar pelo deserto e libertar o Kuwait.

A despeito do evidente mau humor do Capitão, Yasmeena o saudou com seu melhor sorriso falso. Seus temores haviam cessado recentemente. A despeito da preocupação total do Capitão em possuir e estuprar Yasmeena, até aquele dia, ele havia sido o melhor entre os homens maus. Mas agora ele chegou transformado. Quando ela viu a fúria em seu rosto, ficou claro que ele descarregaria a raiva nela.

Mas ela fez exatamente o que ele mandou, despindo-se e colocando os cotovelos no colchão, levantando o traseiro no ar. Ela aprendera que o Capitão gostava de estuprá-la em todas as posições. Mas ficou terrivelmente surpresa, horrorizada, quando ele começou a estuprá-la por um lugar proibido.

Ela sentiu tanta dor que lutou para se afastar, mas ele fechou o punho e bateu em sua cabeça, silenciando seus gritos. Mas o ato sexual era tão doloroso que ela não conseguia parar com os gemidos e seu choro misturava-se aos gemidos e gritos excitados, criando uma sinfonia desagradável, um concerto de horror que jamais teria sido escrito por Mozart ou qualquer outro prodígio musical. Como uma neblina passando por seu cérebro, ela registrou vagos gritos e risadas distantes, embora os homens do Capitão não deslizassem pela cela para desfrutar da visão de sua brutalização desnuda, como faziam quando outros soldados estupravam suas mulheres. Yasmeena foi salva dessa degradação apenas porque o Capitão era o oficial de maior graduação naquele círculo de debochados estrupadores.

Depois que o Capitão retirou o corpo dele do seu, cantarolou uma musiquinha enquanto se limpava com uma garrafa de água, molhando-a com o excesso enquanto se enxugava com a ponta do cobertor. Fez uma pausa e depois perguntou, com vozinha cantarolada:

– Foi bom para você?

Quando ela não respondeu, ele ficou aborrecido.

– Sei que você gostou. Sou o melhor amante. Não fico repetindo a mesma coisa sempre. Todas as garotas dizem que sou muito imaginativo.

Ela resmungou um barulhinho que esperava que ele entendesse como resposta positiva, um homem que imaginava ser o melhor em tudo, e que acreditava que uma mulher sendo estuprada desfrutava de cada minuto do ataque. Ele usou os pés para esfregar-se levemente em sua bunda, um sinal de afeição de um homem que não tinha o menor senso de realidade. Não pareceu notar quando ela se encolheu e se afastou.

Depois ele se sentou e fumou um cigarro, esperando que ela lavasse o corpo, pois adorava observar a cena.

– Depois de fazermos sexo, quero que me sirva um copo de chá – disse ele, acrescentando algo novo em sua rotina. Ele ficou sentado, sem jamais desviar o olhar do corpo de Yasmeena.

Ela fez o que ele mandou, levantando-se. Apesar de cada movimento ser doloroso, desajeitadamente pegou o vestido do chão. Ele ordenou:

– Não. Não se cubra.

Humilhada e despida, ela achou o copo de chá e aqueceu água na espiriteira, colocando o saco de chá do estoque que o Capitão havia roubado de um supermercado kuwaitiano.

Ele em nenhum momento desviou o olhar do corpo dela, mas ficou feliz bebericando o chá, um homem que adorava uma audiência cativa.

Ela tentou novamente colocar o vestido, mas ele disse:

– Não. Fique como está.

– Por favor. Quer que seus homens me vejam?

– Eles não são tão estúpidos. Não vão olhar.

Yasmeena compreendeu de repente que, quando o Capitão estava em sua cela, nenhum dos soldados vinha até a área. Obviamente, o Capitão havia ordenado que queria privacidade.

Então ela fez o que ele mandou.

Ele começou a falar, surpreendendo-a ao falar da esposa, que morava na aldeia deles no Iraque.

– Minha pobre mulher. Ainda é jovem, mas depois de sete filhos, perdeu o belo corpo que tinha. Não gosta de sexo e apagamos a luz quando fazemos isso, o que está bem para mim, por conta dos peitos e da barriga caídos, que é algo que não quero ver.

Subitamente, e de modo estranho, Yasmeena ficou com inveja da esposa do Capitão. Seria ótimo ter um corpo não atraente e que ele não desejasse, e certamente seria menos embaraçoso ser estuprada na escuridão. Ela odiava ver seus olhos sinistros examinando seu corpo, analisando cada pequena reentrância como se estudasse para um exame de medicina.

Mas não ouviu mais nada, porque no momento só conseguia pensar na dor que subia em ondas de seu reto, passando pelo estômago e peito. Havia imaginado que perder sua virgindade para aquela besta de homem tivesse sido a experiência mais excruciante de sua vida, mas nada se comparava a essa última violação. Estava em tal agonia física que tremia, sentindo frio na pele, uma sensação estranha em um deserto onde estava sem ar-condicionado. Os soldados iraquianos haviam roubado os luxos kuwaitianos, tais como os aparelhos de ar-condicionado, desde a primeira semana da ocupação, e haviam mandado tudo o que podia ser desmantelado de volta ao Iraque, para os iraquianos. Agora o edifício estava tão quente que às vezes Yasmeena tinha dificuldade para respirar fundo. Um ventilador soprava diretamente em sua cela, mas suas pás só moviam ar quente.

Quando ela pensou que ele não iria mais parar de falar, ele se inclinou e agarrou seu seio, rindo quando ela recuou com a dor.

Depois começou a falar sobre os filhos. Eram quatro garotas e três rapazes. As garotas casariam assim que tivessem 13 anos. Ele não poderia arriscar nenhuma conduta inapropriada, comportamento que envergonharia o bom nome de sua família. Sentia que seu nome era respeitado em toda a aldeia e mais além. Durante esse monólogo maçante, subitamente, ele a agarrou pelo pescoço e a fez se aproximar.

Ela soltou um grito sufocado, afastando-se.

Ele riu novamente, dizendo a ela:

– Reconheça. Você gosta de surpresinhas.

O sentimentalismo dele dissipou-se. De repente, ela o escutou falar de modo estranho, dizendo-lhe:

– Você é uma mulher fria. Sou um grande amante e você nunca me diz isso. Sei que você me ama, mas nunca diz isso para mim. – Sacudiu a cabeça, desapontado. – Você não me aprecia?

Yasmeena não conseguia acreditar nessas palavras. Seu estuprador tinha pensamentos absurdos. Será que havia esquecido que ela fora raptada? Teria esquecido que era uma virgem que estava sendo brutalmente estuprada por um homem que não conhecia?

– Você vai me agradar ou substituirei você. – Ele fez uma pausa. – Você sabe o que isso significa, Yasmeena – acrescentou ele, ameaçadoramente.

E ela realmente sabia. Pelo que havia observado no primeiro dia de seu aprisionamento, ela sabia que mulheres haviam sido assassinadas naquela prisão.

– Sei que você me ama. Então, tem que me dizer isso. Sei que me acha atraente, então, tem que me dizer isso. Sei que gosta das coisas que fazemos, então, tem que me dizer isso.

Apesar de sua língua mal poder se mexer, ela forçou seus lábios, trêmulos, a articular as mentiras:

– Amo você. – Fez uma pausa, observando a expressão de expectativa dele, sabendo que jamais ficaria satisfeito. – Você é um homem tão forte e bonito, qualquer mulher o amaria. – Ela ficou surpresa por sua língua não enegrecer e cair da boca com essa mentira tão horrorosa. Talvez, ela pensou, jamais fosse capaz de falar novamente.

O Capitão ficou satisfeito em ouvir o que achava que já sabia. Sorriu e ficou falando até não conseguir pensar em mais nada para dizer. Finalmente, levantou e disse que iria sair por algumas horas, dizendo a Yasmeena:

– Você está sangrando. Não gosto de ver todo esse sangue. Limpe-se. Voltarei mais tarde e quero que esteja pronta para mim. Vamos experimentar algo novo. Quero que vista o vestido vermelho. – Fez uma pausa, depois lembrou a ela o quanto era descartável: – Se você me entediar, pego outra garota.

Quando ouviu a porta de metal fechar e os passos do Capitão se afastando, Yasmeena foi para um lugar escuro de sua mente. Decidiu que tinha que se matar, a despeito de os muçulmanos acreditarem que o suicídio é um pecado imperdoável.

O suicídio era a resposta. De qualquer modo, jamais sairia viva daquela prisão infernal. Nas três semanas que vivera ali, ouviu seis garotas sendo executadas quando os estupradores as substituíam por outras, mais novas. O Capitão havia lhe dito que, com 23 anos, era a mais velha da prisão, e ela se perguntou quando o Capitão esvaziaria sua cela para dar lugar a uma nova conquista, alguma garota virginal e mais bonita. Certamente, havia muitas belas garotas para raptar no Kuwait, como Yasmeena sabia, pois durante seus anos de trabalho como comissária de bordo as havia conhecido.

Yasmeena abafou as lágrimas. Precisava ser forte o suficiente para terminar com sua vida. De qualquer maneira, todas as mulheres da prisão iriam morrer. Ela bem que poderia evitar os meses de tortura e agonia. Iria se suicidar.

Capítulo 7

Suicídio

Yasmeena descobriu rapidamente que o suicídio nunca é fácil. Sem uma arma ou instrumento cortante, é particularmente difícil terminar com a vida.

No entanto, sabia que o suicídio era sua melhor opção. De qualquer modo, iria morrer. Muito provavelmente, o Capitão já estava cansado dela. Logo, ordenaria sua execução.

Ela pensou muito tempo sobre a morte, revivendo o que havia acabado de sofrer. Preferia morrer a ser estuprada pelo ânus todos os dias, e pelo modo como seu estuprador havia gemido e arquejado, ela sabia que ele havia ficado mais excitado com essa nova modalidade do que com qualquer outra execração. Esse novo tipo de brutalidade havia lhe proporcionado tanto prazer que não era algo do qual ele desistiria.

Mas seu pobre corpo não aguentaria outro estupro anal. Tudo lá embaixo parecia esfolado. Realmente, preferia morrer a suportar tal angústia.

O sangue ainda escorria de seu traseiro, e ela decidiu se limpar antes de morrer e ser enterrada. Mesmo morta, ficaria embaraçada se os coveiros vissem as manchas de sangue entre suas nádegas. Seu destino de morte por estupro anal seria óbvio. Os homens iriam parar, com as pás nas mãos, para olhar seu rosto e guardá-lo na memória. Depois da guerra, quando seus pais voltassem ao Kuwait para procurá-la, mostrando fotografias da filha amada, diriam a eles que ela havia sido estuprada até morrer por um lugar que não deveria ser tocado por nenhum homem. Então seus pais também morreriam de vergonha pelo destino da filha.

Yasmeena gemeu enquanto levantava o balde de se lavar e o enchia com água. Colocou o balde no chão e abaixou o traseiro dentro dele. A água provocou choques doloridos em seu corpo. Ela conseguiu se levantar e olhou dentro do balde, constatando que a água se tornara vermelha e brilhante. Talvez não fosse necessário que ela se matasse. Iria morrer se esvaindo em sangue.

Depois de enxugar o traseiro, lutou para colocar o vestido, gemendo enquanto o enfiava pela cabeça. Tentou deslizar para dentro da calcinha, mas não conseguiu aguentar a dor que o pano suave provocava, de modo que a descartou e puxou a roupa o mais para baixo possível.

Tudo doía. Subitamente, ela se lembrou de sua velha avó. Yasmeena percebeu que seus movimentos eram tão laboriosos quanto os da avó quando ela tentava se vestir sem ajuda da filha e das netas. Yasmeena decidiu que, se alguma vez voltasse para casa, no Líbano, teria muito mais simpatia pelos parentes idosos, inclusive uma tia da qual realmente não gostava.

Mas agora tinha assuntos mortalmente sérios em mente. Estudou os itens que havia na cela, desesperada para encontrar um instrumento letal, para terminar com sua vida. Havia pouquíssimas coisas para escolher na cela sem móveis. Havia o colchão de dormir e um lençol e um cobertor sujos, e os poucos itens ligados ao preparo do chá. O chá era aquecido em uma espiriteira elétrica, e ela pensou que poderia incendiar o cobertor e enrolar seu corpo nele. Na verdade, entretanto, ela temia o fogo desde o dia em que sua mãe lhe contou sobre uma amiga desesperada que havia casado com um árabe de uma das nações do golfo, um homem que foi estudar em Beirute. Depois de um breve cortejo, ele alegou amar a amiga de sua mãe, espertamente expressando uma máscara falsa de adoração, e prometendo à sua família que ela viveria como uma princesa em uma vila luxuosa, servida por criados. Ele era rico e realmente tinha um grande palácio, mas esse luxo não importava depois de, em poucos meses de casamento, ele revelar ser um bruto. Ele a espancava se ela pedisse para sair da vila para fazer compras ou visitar alguns primos. Depois, levou prostitutas para casa e batia no rosto da mulher quando ela protestava. Com um nariz quebrado e dentes partidos, ela conseguiu sair e ligar para a mãe, fazendo confidências sobre seus problemas. Sua própria mãe lhe disse: "Seja paciente, minha filha" e "Faça seu marido feliz, de modo que ele não precise de prostitutas".

Com as palavras de sua mãe soando nos ouvidos, a pobre coitada soube que não tinha para onde ir, e ficou tão desesperada para escapar do impiedoso marido que, em um rompante, banhou-se em querosene e se incendiou. A infeliz não morreu como planejava e viveu para sofrer horrivelmente. A garota atraente que tivera cabelos espessos e compridos ficou careca como o idoso avô de Yasmeena, cujo crânio tinha a pele lisa e brilhante. Seu rosto, que havia sido bonito e doce, ficou cheio de cicatrizes de carne viva, e seu bebê não a reconheceu e gritou de medo quando ela apareceu. Rejeitando seu pedido de divórcio, o marido se recusou a mandá-la de volta para a família.

A mãe de Yasmeena soube que ele havia ficado com tanta raiva por sua esposa preferir morrer a viver com ele que a mantinha sempre por perto, para poder provocá-la. Uma segunda esposa logo se mudou para o palácio, e a situação piorou, pois a nova esposa alegava perder o apetite ao ver aquela criatura patética. Finalmente, ele ordenou que a esposa queimada vivesse em um pequeno quarto, proibindo seu acesso ao resto da casa, até mesmo para ficar com o filho. Sem os cuidados médicos adequados, a pobre mulher morreu de infecção seis meses após o malsucedido suicídio.

Não, esse não era o fim que Yasmeena queria.

Ela reparou que havia um pacote de biscoitos e duas maçãs que o Capitão lhe dera e pensou se poderia morrer engasgada se engolisse um biscoito inteiro. Pensando melhor, a tentativa poderia dar tempo aos estupradores para correr e dar tapas em suas costas ou arrancar o biscoito de sua garganta, o que a fez abandonar também essa ideia, querendo que mantivessem as mãos imundas longe dela.

Seus pensamentos voltaram ao fogareiro elétrico e sua garrafa de água. Uma vez ela havia lido em uma revista que mulheres ansiosas para ter filhos homens assassinavam as meninas mantendo abertas suas gargantas com uma das mãos e derramando água escaldante goela abaixo com a outra.

Isso poderia funcionar, devaneou, mas rapidamente também descartou a ideia. Ela queria morrer, mas sem muito sofrimento. Pelo que havia acabado de sofrer, não queria mais dor física.

Foi quando decidiu se sufocar com o colchão. A asfixia não devia ser tão dolorida. Sim, sim, pensou ela, tão excitada quanto costumava ficar em um dia ensolarado na praia em Jounieh, a pitoresca região litorânea da magnífica Beirute.

As libanesas eram, entre as árabes, as que mais gostavam de se divertir, e se reuniam usando biquínis provocantes na praia, terminando o dia com um jantar de pescados em algum dos muitos restaurantes à beira-mar. Ela riu em voz baixa pela primeira vez em semanas. Sim, é claro, ela iria se asfixiar.

Seu traseiro doía tanto que levou muito tempo para se estender ao lado do colchão. Assegurando-se que nenhum dos outros estupradores vigiava sua cela, agarrou o fino colchonete sobre a cabeça e o apertou contra a boca e o rosto. Confiando no sucesso, desfrutou da imagem do doce rosto da mãe, assim como do restante da família, que apareceu para se despedir. Justo quando pensava que o fim estava chegando, um involuntário respiro salvou sua vida. Ainda convencida de que podia fazer a coisa, segurou o colchão com uma das mãos e agarrou o pesado bule de chá, colocando-o em cima do colchão. Mas o pesado bule virou e rolou pelo chão de concreto. Felizmente, ninguém apareceu para ver o que ocorrera. Quinze mulheres mantidas prisioneiras e brutalmente estupradas geravam um barulho constante, com muitas gritando enquanto outras choravam alto. Algumas das mulheres mais corajosas jogavam coisas pela cela, e uma mulher tinha o hábito de bater sua caneca de café, de cobre, contra as barras da cela. Em uma atitude inusitada, o estuprador da mulher não a espancou por esse hábito e, em vez disso, a ridicularizou e se comprometeu a comprar um aparelho de ouvido quando ela ficasse surda com o barulho.

De fato, todos os estupradores e carcereiros divertiam-se com a miséria das mulheres, chamando-as de loucas, e brincando que precisavam ser continuadamente estupradas. Nessas horas, alguns homens iam até as mulheres, dando-lhes o que estupidamente acreditavam ser o que elas queriam, quando de fato o estupro era o que criava o caos angustiante. Yasmeena tinha dificuldades em acompanhar o raciocínio desses estupradores, homens que realmente pareciam acreditar que as mulheres eram agradecidas por haverem sido escolhidas como vítimas de estupros.

Ainda viva depois de enfiar um monte de folhas de chá na boca e amarrar firmemente o rosto com a saia, Yasmeena caiu em lágrimas. Ela viveria. Era impossível se matar sem ter algo letal para usar como arma.

Uma dor aguda irradiava-se de seu traseiro e se incendiava em agonia quando ela tentou levantar. Apalpou a área com a mão e percebeu o esforço de sustar a respiração. Algo importante havia se rompido e tudo lá embaixo estava molhado com sangue quente. Frustrada pelo fracasso de pôr fim à vida, Yasmeena encolheu-se no colchão, com o corpo em posição fetal, e chorou.

Capítulo 8

Lana e a Besta

Suicídio não era uma opção para Lana. Pelo menos foi o que disse à sua amiga Yasmeena. Não, ela jamais havia considerado o suicídio, apesar de o pensamento da morte jamais estar longe de sua mente. Cada vez que um estuprador abria a porta de sua cela, disse Lana, ela presumia que o monstro estava ali para assassiná-la.

Lana uma vez confidenciou a Yasmeena que acreditava que Deus foi interrompido quando criava seu estuprador porque ele parecia e agia como um mutante genético. Quando Lana descreveu sua aparência, Yasmeena tremeu de nojo, sabendo que um manto de ásperos pelos negros cobria seu peito, estômago e costas. Era um homem grande, mais de 30 centímetros mais alto que Lana. Pesava o triplo dela. O rosto estava marcado por cicatrizes e os dentes haviam escurecido por anos de fumo. Até suas orelhas eram arrepiantes, subindo retas pelos lados de sua cabeça, como nada que Lana jamais houvesse visto. Se ele houvesse nascido no Kuwait, acreditava Lana, alguma instituição de caridade conseguiria os recursos para arrumar aquelas orelhas. E se algum produtor de cinema americano o visse, certamente o usaria como modelo para um personagem maléfico de desenho animado.

Lana confidenciou que seu estuprador mantinha um horário de estupro, chegando às 9 horas da manhã, às 3 da tarde e à meia-noite. Esses horários jamais variavam, apesar de os métodos de estupro se alterarem, de acordo com a hora e seu humor. Ele parecia desfrutar da maior alegria ao vê-la resistir, observando-a chorar enquanto se contorcia com dores e implorava que ele parasse. Algumas vezes uivava como um lobo diante de seus gritos de dor e terror.

* * *

O Lobisomem transpirava uma presença malévola, como um vapor insidioso e envenenado que penetrava pela prisão. Lana disse que podia sentir sua presença antes de vê-lo. Quando sentia aquela aura maligna, sentava-se rígida, esperando ouvir as passadas pesadas. O Lobisomem não fazia nada casualmente. O Lobisomem sempre chegava no horário. Mesmo se estivesse cochilando, Lana acordava instantaneamente.

Lana uma vez descreveu esta cena perturbadora para Yasmeena, com muitos detalhes:

Segundos depois de sentir sua presença, o estuprador irrompia na cela, com os olhos escuros brilhando de ódio enquanto mandava:

– Fique nua.

Lana jamais obedecia a tal ordem, disse. Ela vagarosamente levantava, ainda machucada e ferida dos estupros anteriores; no entanto, lutava contra ele, como sempre fazia.

A besta a encarava raivosamente enquanto ela sustentava o olhar, tentando controlar o coração disparado. Cara a cara com a besta, seus pensamentos giravam apressadamente, tentando pensar em nova tática para vencer uma de suas lutas.

Ele avançava para dar-lhe um tapa, mas errava quando ela pulava para trás.

Ele fechava os punhos e batia, acertando seu ombro.

Seu pequeno corpo era jogado pela cela, batendo contra as paredes de cimento.

A besta ria.

– Você não pode fazer nada – dizia ele.

Ele agarrava o pescoço dela e empurrava a cabeça contra o bloco de cimento da parede. Dava uma joelhada em seu estômago, e quando ela se curvava, rasgava suas roupas. O barulho do tecido rasgando era tão estimulante para ele que seu rosto ficava distorcido. Então, algo estranho aconteceu, algo que Lana jamais havia visto. Espuma branca borbulhava da sua boca.

Lana ficou congelada de terror. Será que seu estuprador havia sido mordido por um cachorro com raiva? Mesmo antes de ser raptada, sua mãe ouviu dizer que cães de estimação haviam sido soltos pelos invasores iraquianos e se reunido em matilhas que corriam pelas ruas. Talvez animais selvagens houvessem contaminado com raiva alguns desses cães.

Mas ela rapidamente deixou de lado essa preocupação porque estava nua, vulnerável às mãos enormes da besta, que agarrava seu corpo com brutalidade. Ele logo se cansava do jogo e arrancava as calças antes de jogá-la no colchão para estuprá-la.

Lana começava a gritar, seus gemidos, como os do gato que fora destroçado pelo motor do carro do irmão no verão passado. Seus gritos angustiados provocavam risadas na besta, o gargalhar agudo de um bufão. Ele gritava como se os gritos de Lana fossem a coisa mais engraçada que ele tivesse escutado.

Logo, Lana tinha problemas maiores.

As celas daquela delegacia de bairro kuwaitiano foram construídas em uma única fila, nenhuma de frente para a outra. Podia haver privacidade visual se o estuprador desejasse reclusão enquanto estuprava, apesar de todos na prisão poderem ouvir os gritos de cada mulher quando eram atacadas. Apesar de os estupradores gostarem de passar pelo corredor e olhar as mulheres, a maioria deles não permitia que seus colegas assistissem ao momento em que estupravam suas presas. Mas agora seu estuprador gritou como um entusiasmado mestre de cerimônias:

– Venham me ver fodendo ela!

Para desespero de Lana, os homens se reuniram, comportando-se como crianças em um circo. Mas esse circo da prisão era algo ao qual crianças jamais assistiriam. O circo era um lugar onde as jaulas eram celas, e onde as mulheres eram transformadas em animais, forçadas a se exibir e divertir os espectadores.

Os soldados excitados aplaudiam e gritavam de aprovação diante da agonia completa de Lana enquanto era virada no ar e espetada como um pedaço de carne pelo enorme órgão masculino do Lobisomem.

De certa maneira, o Lobisomem era como um ator sedento por atenção e ansiava pela aprovação dos espectadores que aplaudiam. Uma audiência incitava seu orgulho a inchar junto com seu apêndice masculino. Entusiasmado pela audiência de homens, ele a virou e atacou fisicamente, mor dendo-a selvagemente do rosto até os dedos dos pés, como um tigre esfomeado. Os soldados aplaudiram quando ele arrancou pedacinhos de pele do corpo dela com os dentes.

Ela encolheu-se como um pedaço de carne ensanguentada, e desmaiou, apesar de rapidamente recuperar a consciência quando ele começou novamente a estuprá-la.

Finalmente ele se satisfez. Acenou relutante para que os soldados se fossem. O espetáculo chegava ao fim.

A besta enfiou as calças e saiu da cela, regressando com uma caneca de chá. Enquanto fumava um cigarro e bebia o chá, começou a falar sobre seu ódio por tudo que fosse o Kuwait e os kuwaitianos. Era ressentido com o sucesso do pequeno reino cheio de petróleo, enquanto vivia o fracasso de um enorme reino de petróleo. Estava amargurado pelo que alegava ser a presunção dos kuwaitianos, e pela riqueza que levava os cidadãos daquele local para Londres e Nova York, onde gastavam mais dinheiro em um dia do que ele veria em toda a sua vida.

– Odeio todos os kuwaitianos – escarnecia. – Por que os kuwaitianos podem ser ricos e os iraquianos devem ser pobres?

Seu ódio era profundo e verdadeiro. Talvez na verdade pensasse estar punindo a nação kuwaitiana ao raptar e estuprar garotas kuwaitianas. Não conseguia saciar sua sede de vingança depois de estuprá-la três vezes por dia durante quarenta dias. Ela havia mantido a contagem rasgando pedacinhos de papel que amontoava em um canto da cela, uma tira por dia. Ela havia contado as tiras justamente no dia anterior. Soube, então, que havia sido estuprada 120 vezes, cada episódio durando pelo menos uma hora.

Ele a olhou e soltou uma risadinha sarcástica, dizendo que os demais estupradores cuidavam de umedecer as partes privadas de suas mulheres com vaselina para facilitar o sexo. Quase todas as mulheres aprisionadas eram virgens quando capturadas.

– Gosto quando você grita. Nada de vaselina para você, Lana – admitiu ele.

Apesar de dolorida, Lana pensou em algo que pudesse dizer que a humanizasse diante do estuprador, mas logo percebeu que não adiantaria nada. As ações e palavras da besta traíam qualquer forma de insanidade. Então ela não mencionou que sua família frequentemente passava as férias em Basra, a bela cidade iraquiana das tâmaras, ou que seus pais tinham afeição profunda por várias famílias iraquianas e por pessoas educadas que conheceram quando festejavam no sul do Iraque. Não ousou lhe dizer que muitas vezes ouviu seus pais conversando sobre o Iraque e os iraquianos, seu pai reconhecendo que a oratória incendiária do ditador havia inicialmente capturado o coração dos cidadãos iraquianos, apesar de logo depois passar simplesmente a aterrorizá-los para que obedecessem. Na opinião de seu pai, a maioria iraquiana era composta de boas pessoas, apesar de terem uma profunda falta de sorte com seu brutal dirigente, Saddam, e com os homens de sua tribo, que o apoiavam incondicionalmente. Uma vez, escutou o pai dizer que os dirigentes iraquianos eram homens violentos que atiravam em um homem com a mesma facilidade com que colhiam uma tâmara da árvore, homens que ficavam com tudo para si, e que desfrutavam da prolongada dissecação dos iraquianos, um povo cujas energias eram dissipadas pela brutal tarefa diária de sobreviver.

O estuprador a aterrorizou mais ainda quando começou a falar sobre a família dela.

– Onde você mora? Tem irmãs?

– Não, não tenho irmãs – mentiu Lana, com a voz tremendo.

– Se você tivesse irmãs, eu ia lá e pegava todas.

Lana lembrou que a besta começou a fantasiar.

– Sim, colocaria você e suas irmãs enfileiradas. E depois daria um bom tratamento a todas.

Ele facilmente poderia se servir de toda a família de mulheres, alegou. Uma vez, anos atrás, havia sido escolhido para acompanhar seu supervisor até a Tailândia para buscar algumas mercadorias para o governo, e enquanto estava lá frequentou um bordel em Bangcoc, alugando a cafetina para lhe trazer três jovens tailandesas virgens. Uma delas tinha 9 anos e as outras duas estavam com 13 e 14. E ele havia dado a essas virgens o melhor tratamento de suas vidas. Confundiu o horror no rosto de cada criança com prazer. Um amplo esgar, que provavelmente ele pensava ser atraente, cobriu seu rosto.

Uma garota de moral pura como era, Lana o olhou com raiva, incapaz de controlar seu nojo por mais um instante sequer. E gritou:

– Você é um animal!

A raiva dele irrompeu como uma tempestade sobre o mar. Mais uma vez, ele pulou sobre ela, empurrando a cabeça de Lana para o chão e puxando sua língua com as mãos enormes. Puxou a língua com tanta força que ela pensou que ele iria arrancá-la. E avisou:

– Se você me insultar novamente, arranco sua língua!

Lana não disse nada, com medo da raiva dele.

Ele se levantou e começou a chutá-la no estômago antes de buscar uma corda que mantinha em um canto da cela. Amarrou-a pela primeira vez, deixando Lana preocupada quando ele a pendurou pelos braços e a estendeu pendurada no ventilador do teto. Para se divertir, ligou o ventilador, que começou a girar vagarosamente, rangendo. E ela ficou lá pendurada.

Parecendo um louco e com os olhos brilhando e o rosto furioso, deu risadinhas diante do desconforto e terror dela, anunciando que ficaria pendurada ali enquanto ele iria para as orações. Era a hora das orações do pôr do sol, de modo que ela sabia que ele iria demorar muito tempo.

A besta saiu e logo os demais estupradores se reuniram em sua cela para vê-la pela segunda vez, fazendo piadas grosseiras e rindo alto diante de sua humilhação. Ela implorou a eles:

– Por favor, me tirem daqui, eu imploro.

Os estupradores ignoraram os pedidos.

A besta do Lobisomem voltou uma hora depois, cortando as cordas e deixando-a cair no chão, onde começou a estuprá-la mais uma vez, de imediato.

Enquanto a estuprava, vociferava, amaldiçoando-a e a todos os kuwaitianos:

– Todos os kuwaitianos pensam que são reis. Mas isso acabou – disse a ela, a voz tão assustadora quanto seu membro masculino, a língua balançando de um lado para o outro como uma cobra, contando-lhe, com ódio: – O Kuwait não existe mais. Vocês, kuwaitianos, agora serão nossos servos, como pensavam que os iraquianos nasceram para servir vocês! – Seus olhos incendiavam-se de prazer com o pensamento que mais o deliciava. – *Você vai receber isso todo... dia... de... sua... miserável... vida.*

Lana fechou os olhos, profundamente aterrorizada, sabendo que era impotente para impedir que aquele homem usasse seu corpo de qualquer modo debochado que desejasse, e usá-lo a qualquer momento que quisesse. Ela realmente estava arruinada.

Capítulo 9

A escolha de Yasmeena

Confronto no golfo: Iraque pretende destruir a identidade do Kuwait

"Depois de haver fisicamente despido o Kuwait em quase dois meses de ocupação militar, pilhando computadores, instalações de parques de diversões e até mesmo lâmpadas de iluminação pública e quadros-negros das escolas, o Iraque deu início a um esforço sistemático para despir a nação de sua própria identidade, afirmam os exilados kuwaitianos e outros refugiados recentes. Desde a invasão do dia 2 de agosto, dizem, o Iraque apreendeu e destruiu registros dos cidadãos kuwaitianos nos computadores e cancelou e invalidou todas as licenças de motorista kuwaitianas, placas de automóveis e outros meios de identificação.

"(...) Segundo os kuwaitianos agora no exílio, aqueles que permaneceram em suas casas, muitos deles sobrevivendo com estoques de comida comprados no início da invasão e escondidos, reagem contra a ocupação organizando grupos de vizinhança para manter os serviços públicos e montando uma pequena mas efetiva resistência armada."

- *The New York Times*
29 de setembro de 1990

"Meu país está sendo selvagemente destruído, nossas mulheres, submetidas a estupros em massa, nossos homens e até as crianças, sendo assassinados, enquanto esses analistas acomodados em poltronas defendem o período de um ano ou até 18 meses de sanções para forçar os iraquianos a sair. Os que estão a favor de nos deixar sofrer poderiam pelo menos considerar forçar o Iraque a permitir a entrada de uma força de observadores de direitos humanos no Kuwait – o que se recusam a fazer – para proteger nosso povo lá."

– Xeque Saud Nasir al-Sabah,
embaixador do Kuwait nos Estados Unidos
Outubro de 1990

Depois da tentativa frustrada de suicídio, uma nervosa Yasmeena sentou-se esperando, com sua camisola vermelha de renda, imaginando que novo tipo de ataque sexual iria sofrer. Havia desistido de pensar em suicídio e, como não estava morta, queria viver. Decidiu que havia chegado o momento de decidir, e escolher entre viver ou morrer. E a escolha de Yasmeena foi viver.

Enquanto considerava suas opções, lembrou-se das muitas vezes que seu pai dissera que ela era uma garota com inteligência fora do comum. Precisava usar essa inteligência para lograr o Capitão, um homem tão apaixonado por si mesmo que podia ser manipulado. E ela o manipularia para amá-la.

Mas, primeiro, tinha que interromper os ataques anais que ameaçavam sua vida, ou feneceria e morreria, incapaz de achar energia para passar a perna no Capitão. Então, primeiro, ela apelaria a ele, lembrando que era fisicamente uma mulher fraca em todos os pontos, e que seu enorme membro masculino a havia machucado terrivelmente. Iria elogiar suas habilidades como grande amante, enchendo-o de cumprimentos, porque ele gostava, sobretudo, de ouvir como era excepcional. Talvez seu coração amolecesse e ele tivesse pena dela.

Na verdade, ela não sabia nada sobre o verdadeiro amor e os relacionamentos sexuais entre um homem e uma mulher. Ela só sabia sobre ser estuprada. O Capitão foi o primeiro homem que ela viu despido, além de uma vez que seu primo estava de visita na vila da família em Beirute. O pobre rapaz estava no toalete quando aviões israelenses sobrevoaram a cidade em uma missão para semear pânico entre os cidadãos libaneses. Quando um dos aviões disparou uma explosão sônica, seu primo, assustado, disparou para fora do banheiro com o pênis na mão. Ela sentiu uma onda de vergonha temperada por curiosidade, mas nem viu muito, pois ele ainda era um jovem pouco desenvolvido e a mão havia coberto quase tudo.

* * *

Quando o Capitão não voltou, Yasmeena viveu um raro momento de felicidade quando um soldado lhe disse que ele não regressaria à prisão até a manhã seguinte. Ele havia sido convocado ao quartel-general, seja lá onde este fosse.

Essa novidade provocou a curiosidade de todos. Yasmeena escutou cuidadosamente enquanto os soldados discutiam os últimos rumores de Bagdá. Recentemente os combatentes kuwaitianos haviam explodido vários edifícios que abrigavam soldados inimigos. Também haviam emboscado e assassinado uma patrulha de cinco iraquianos. Saddam estava furioso. Os soldados fofocaram por quase uma hora, as vozes altas ressoando pela prisão, especulando se Saddam dera ordens para agir de forma mais rigorosa com os kuwaitianos.

Yasmeena pensou em que mais os iraquianos podiam fazer com os kuwaitianos. Já tinham ocupado o país, saqueado seus negócios e residências, assassinado muitos jovens e estuprado e assassinado mulheres.

Finalmente, os homens entediados passaram pelas várias celas, estuprando suas mulheres, cujos gritos abafados ecoaram pela prisão.

* * *

Por dentro da resistência kuwaitiana

Pauta: Durante a Guerra do Golfo, houve relatórios fragmentados sobre o sofisticado movimento de resistência no Kuwait. A revista *Newsweek* queria saber mais. Depois de peneirar entre os americanos que haviam escapado do Kuwait, descobri um que (confiavelmente) alegava ter se envolvido e podia revelar detalhes.

Ao mesmo tempo que se negava a passar números específicos, Rickett alegava que a resistência "É dirigida por alguns militares e um bom número de homens de negócios, com alguns indivíduos que se voluntariaram. Diria que 98% de todos são kuwaitianos... São muitas pessoas em todos os lugares, mais pessoas do que você pensaria... Resistem de todas as maneiras possíveis". Muitos entre os militares kuwaitianos, assinalou Rickett, foram executados nos primeiros dias da invasão. Os que escaparam conseguiram isso com identificações falsificadas.

– *Newsweek*
20 de dezembro de 1990

Depois que os estupros noturnos terminaram e os soluços das mulheres diminuíram, Yasmeena antecipou um sono reparador. Pela primeira noite desde sua captura, tinha certeza de que não seria despertada pelo Capitão e forçada a suportar um doloroso ataque. Não importava quantas vezes ele a estuprava, cada vez era sentida como a primeira, já que a vergonha e a humilhação a despedaçavam, junto com a agonia.

Ela despiu a camisola vermelha que subitamente parecia repulsiva em seu corpo, e vestiu uma camiseta leve e calças, sentindo-se melhor do que havia se sentido por horas. E se enfiou sob seu novo cobertor cor-de-rosa, um presente do Capitão. Respirou fundo e relaxou.

Ficou deitada em silêncio, pensando nos bravos combatentes kuwaitianos, desejando estar livre para ajudá-los mais uma vez. Depois de descobrir pessoalmente a crueldade dos ocupantes, ela rezou para que os kuwaitianos conseguissem um sucesso após outro. Com certeza eles deveriam estar fazendo ataques mortíferos para provocar uma reação de Bagdá. Estava curiosa para saber mais detalhes, mas foi dormir certa de que logo descobriria: à medida que passavam os dias, o Capitão ficava mais fascinado com sua própria voz e satisfeito com sua audiência exclusiva de uma mulher. Yasmeena não tinha dúvidas de que o Capitão contaria tudo quando voltasse do quartel-general.

Dependendo do que ele revelasse, ela poderia passar as informações para Lana, na esperança de que isso melhorasse seu ânimo. A pobre garota estava no limite de suas forças espirituais e físicas, acreditando que jamais seria liberada, e que os ataques carnais terminariam apenas quando seu estuprador a assassinasse.

Desse modo, Yasmeena dormiu mais profundamente que o habitual, sendo despertada poucas horas depois por gritos, berros de destroçar o coração, que só poderiam vir de uma pessoa. Lana! A pobre Lana sofria seu usual estupro da meia-noite.

Yasmeena cobriu os ouvidos com as mãos e enfiou a cabeça no colchão, mas nada era capaz de abafar os gemidos de Lana. Yasmeena olhou o relógio por baixo do cobertor, mensurando o ataque enquanto os longos minutos passavam: uma hora e vinte minutos. O violador de Lana conseguiu estuprá-la por mais tempo que o comum. Yasmeena sabia que as outras garotas na prisão sentiam mais pena de Lana do que de si mesmas. E deixavam isso claro gritando seus lamentos pela situação de Lana, dizendo para a jovem frases como "Seja forte" e "Alá irá salvar você!".

Havia momentos em que Yasmeena achava que os gritos de Lana eram a única coisa que mantinha vivas as outras vítimas de estupro. Quando comparadas com a tortura de Lana, todas lembravam a sorte de não terem sido a fêmea escolhida pelo mesmo estuprador.

Yasmeena finalmente escutou os inconfundíveis passos do estuprador de Lana. Ele saía da prisão. Yasmeena fingiu dormir, mas estreitou os olhos para observar o estuprador passar, o andar tão casual que poderia ser o de um sujeito comum passeando pela praia, em vez de um demônio que tinha prazer em torturar uma garota de 16 anos!

Ela se encolheu quando a besta parou para ajeitar o pênis nas calças. Esse lampejo fez Yasmeena lembrar-se dos detalhes pavorosos que o Capitão uma vez lhe contou sobre aquele homem.

Segundo seu Capitão, o estuprador de Lana era o mais sádico dos homens, e tinha uma arma terrível dentro das calças, um pênis tão grande que os demais estupradores faziam piadas chamando-o de "Akbar Zib" ou "o maior dos pênis".

Yasmeena jamais esqueceria a expressao de respeito no rosto do Capitão quando descrevera o pênis da besta. Alegava que era ainda maior que o do seu tio Nassar, que era tão gigantesco que a pobre esposa de Nassar corria gritando de sala em sala, tentando fugir e escapar sempre que ele exigia seus direitos maritais. Uma vez ela tentou escapar por uma janela, mas Nassar a agarrou com a cabeça pendurada para fora e a bunda para dentro da casa e a possuiu ali mesmo.

As mulheres que moravam na vizinhança olharam pelas janelas tentando localizar a origem da barulheira. Tudo que puderam ver foi a esposa de Nassar, pendurada, o rosto contorcido enquanto gritava. Uma das mulheres depois fofocou que foi a coisa mais engraçada que já vira. Só lamentava por não ter uma câmera de vídeo como as de Bollywood. A cena podia ser uma comédia para todos se divertirem, mais divertida ainda que o filme que ela viu em Bagdá em um cinema quando viajou até lá para visitar uma prima.

Como as mulheres não sabiam nada sobre a gigantesca arma privada de Nassar, supunham que a vizinha estava sendo espancada por gastar dinheiro demais, ou por estragar o jantar, as transgressões comuns e maçantes que faziam as mulheres serem espancadas no Iraque.

Só em pensar como o estuprador machucava a pequena Lana, Yasmeena enfiou a cabeça entre os braços, querendo chorar pela amiga, mas a essa altura suas lágrimas já haviam secado.

Ela pensou em Lana por horas a fio. Já amava a garota kuwaitiana, considerando-a sua irmã mais nova, uma irmã que ela devia proteger. Mas proteger alguém tão bonita quanto Lana, em uma prisão cheia de estupradores, seria difícil, se não impossível. Yasmeena podia entender como a beleza de Lana inflamava todos os estupradores, provocando homens crescidos a apostar cara ou coroa na esperança de "possuí-la". Yasmeena sabia que, se o monstro estuprador se cansasse dela, os demais fariam dela uma exceção: ela *não* seria executada. Esses soldados começariam novamente a apostar e ela seria passada para outro soldado fazer com ela o que quisesse.

Mas a beleza de Lana não era sua principal qualidade, pelo menos não para Yasmeena. Era uma jovem que conseguia manter sua inocência no meio do mais nojento mal. Mesmo sofrendo uma dor terrível, Lana saudava Yasmeena com o sorriso mais gentil e doce, sempre solícita, querendo saber do bem-estar de Yasmeena.

Os gritos de Lana pouco a pouco cessaram, mas Yasmeena não conseguia tirar de seus pensamentos a imagem do que a amiga havia sofrido. Conseguir dormir era impossível, e ela finalmente saiu do colchão para preparar um pouco de chá.

Enquanto bebia seu chá, refletiu novamente sobre sua situação. Acreditava que o Capitão estava entrando em uma nova e mais perigosa fase. Já fazia semanas que ele a estuprava e parecia cada vez mais aborrecido. Esse aborrecimento desaguava em agressões que culminaram no estupro anal. Yasmeena sabia que não podia aguentar o estupro anal diariamente.

Apenas um homem tinha sua vida nas mãos, e esse homem era seu Capitão. Caso continuasse a aborrecê-lo, Yasmeena sabia que seria executada, tal como as duas garotas kuwaitianas antes dela. O homem que controlava seu corpo devia querer que ela vivesse; caso contrário, morreria. Para o Capitão ela não era uma jovem com sonhos e planos, mas simplesmente um corpo de fêmea com partes desejáveis, das quais podia abusar à vontade. Era simples acaso ela ter uma cabeça em cima do corpo, cabeça que não interessava em nada ao Capitão.

A escolha de Yasmeena por viver significava que ela precisava aperfeiçoar suas habilidades dramáticas. Deveria se tornar uma atriz talentosa para levar o Capitão a se apaixonar. A menos que ele passasse a amá-la, outra garota logo ocuparia sua cela, enquanto seu cadáver apodreceria na tumba.

Foi então que Yasmeena lembrou-se de *Mil e uma noites*, a história da rainha Sherazade e seu marido, o rei Shariar. Quando Yasmeena era ainda uma garota, sua mãe havia lhe contado a história de uma esperta rainha que enganara o rei.

A história dizia que quando o rei Shariar descobriu que sua esposa era infiel, mandou executá-la. Em sua dor e raiva, passou a casar-se com uma sucessão de virgens. Estava tão convencido de que todas as mulheres eram infiéis que todas as virgens eram executadas na manhã seguinte à noite de núpcias. Quando não encontrou mais virgens com quem casar, voltou-se para seu vizir, o pai de Sherazade, e exigiu a filha dele.

Mas Sherazade era uma garota esperta, e contou ao rei um conto de fadas, mas se recusou a lhe contar o final. E a cada noite fazia a mesma coisa. Começava o conto, mas não o terminava. O rei continuou adiando a execução de modo a poder ouvir a conclusão. E isso continuou por 1.001 noites.

Yasmeena pensou sobre Sherazade por muito tempo. A jovem havia descoberto a fraqueza do rei, que adorava ouvir histórias e, uma vez no meio de uma, ele tinha que saber o final. Yasmeena já sabia que seu Capitão se importava apenas com estupro e sexo. Portanto, ela se tornaria uma sedutora, uma mulher que atrairia o Capitão com seu corpo, uma tática que esperava que o mantivesse suficientemente intrigado para mantê-la viva.

Yasmeena pararia de gemer e implorar, e em vez disso se tornaria uma especialista em seu Capitão e na prisão que agora era seu lar. Observaria tudo ao seu redor, pegando o ritmo do sexo na prisão, escutando o que os soldados diziam em todas as oportunidades.

* * *

No dia seguinte, quando o Capitão entrou em sua cela, estava com espírito jovial. Sem dúvida, pensava em estuprar Yasmeena da mesma maneira que havia feito na visita anterior.

A urgência desse perigo imediato acelerou a estratégia de Yasmeena. A escolha de viver agora havia sido encenada em sua mente tantas vezes que parecia um plano cuidadosamente desenhado.

– Meu Capitão – disse ela –, gostaria de sua permissão para lhe dizer algo muito importante.

Ela esperou por um sinal físico de que podia continuar.

Ele a encarou, cenho franzido. Finalmente assentiu, indicando sua permissão.

– Nas últimas semanas passei a vê-lo como um homem especial. Quero lhe dar prazer. E me importo com você. Mas, meu Capitão, uma mulher machucada não consegue ser sensual. Como posso ser desejável se estou com dores?

O Capitão sentou-se impassível, agora fumando um cigarro.

A voz de Yasmeena soava muito calma, apesar de seu coração estar disparando.

– Meu Capitão, seu corpo é muito grande. O meu é muito pequeno. Seu órgão masculino é muito grande. Minhas partes privadas são pequenas. É muito difícil enfiar algo tão grande em uma abertura tão pequena sem causar muitos danos.

Ela fingia ter sentimentos que não tinha, acariciando seu braço e lhe dizendo:

– Aprendi a apreciar o sexo, descobrindo o quanto é bom. Mas é melhor quando fazemos sexo do modo normal, como Deus quis que o homem e a mulher se juntassem.

O Capitão ficou subitamente satisfeito quando Yasmeena tocou levemente sua área genital e sussurrou:

– Você é o melhor homem do Kuwait. Tenho sorte de ter sido escolhida por você. – E hesitou, acumulando forças antes de dizer a maior das mentiras. – Acho que meus sentimentos por você estão ficando mais fortes. – Então enrubesceu e olhou para baixo. – Alguma vez pensou em ter uma segunda esposa?

O Capitão não pareceu particularmente surpreso, já que estava convencido de que tinha as habilidades de um amante insuperável, um Casanova, mas jogou a cabeça para trás e riu alto, saboreando o momento. Depois olhou para Yasmeena e declarou:

– Tenho pensado em ter uma segunda esposa. – Deu uma piscadela. – Agora tenho dinheiro para isso.

Yasmeena forçou um sorriso, fingindo que o Capitão era o homem de seus sonhos. Enquanto seu rosto era tomado por uma expressão de uma submissão obediente, sua mente fértil estava ativa, cheia de repugnância por ele e por todos os soldados iraquianos no Kuwait. É claro que ele agora tinha dinheiro, pensou consigo mesma, já que a maioria dos soldados iraquianos passara as últimas semanas roubando o Kuwait e os kuwaitianos. Muitos dos kuwaitianos que viviam na Cidade do Kuwait eram excepcionalmente prósperos, com as casas cheias de itens de luxo e com imensos cofres lotados de joias caras, pelo menos era o caso antes que os parasitas iraquianos se acomodassem na cidade, tirando tudo da Cidade do Kuwait.

O Capitão prometeu:

– Vou cuidar de você, minha queridinha. Não vou lhe machucar, se possível, *Inshallah.*

* * *

Depois dessa conversa, e depois de Yasmeena dar vida a um novo papel, de uma mulher desejável sedenta por sexo, a vida dela melhorou consideravelmente. O Capitão estava feliz como um noivo estabelecendo um lar para sua noiva. Naquele mesmo dia mandou instalar cortinas entre as barras da cela, e ameaçou seus subordinados, que ficaram de queixo caído, dizendo que se ousassem olhar para aquela mulher, iriam se arrepender. Um pequeno armário de madeira foi trazido, e uma variedade de deliciosos artigos de alimentação que Yasmeena não via havia semanas foi estocada nas prateleiras. Um suprimento de fitas de música gravadas pelos mais populares cantores árabes foi entregue. Outros artigos logo foram levados para a cela, incluindo uma espreguiçadeira, um ventilador de chão para complementar o do teto, um pequeno refrigerador, um fogareiro elétrico para cozinhar, assim como duas mesas e duas cadeiras. Uma bacia grande substituiu o balde para seu banho, e uma cortina de plástico foi armada ao redor da sua área de toalete. Subitamente a cela de Yasmeena estava repleta de itens que melhoravam suas condições de aprisionamento.

Yasmeena percebeu que o andar oscilante do Capitão dera lugar a passos de pavão. Estava orgulhoso por sua vítima ter se apaixonado por ele a ponto de desejar casar. À medida que os dias passavam, lentamente, as preocupações de Yasmeena sobre a morte também se evaporaram aos poucos. Ela podia perceber que seu plano fazia efeito no Capitão como a varinha de condão de um mágico. Quando ele começou a roubar roupas de estilistas para os dois, Yasmeena se deu conta de que ele tinha planos para levá-la ao Iraque para desfilar em sua aldeia. Nenhum homem da minúscula aldeia iraquiana tinha uma mulher tão bela como segunda esposa.

A despeito do alívio de saber que não seria executada, e otimista sobre a possibilidade de o Capitão não mais estuprá-la na região anal, ela constatou que fingir amar o homem que a estuprava era a coisa mais difícil que já tinha feito. O fingimento era quase tão doloroso quanto os estupros. Internamente, ela se encolhia aos seus toques, mas externava sentir prazer e alegria cada vez que era estuprada. Ela até instigava-o a fazer sexo, muitas vezes surpreendendo-o depois de ser estuprada, implorando que ele "fizesse de novo". No entanto, Yasmeena sabia que estava em um jogo perigoso, e que se o Capitão alguma vez suspeitasse do verdadeiro motivo de suas declarações de amor, ele mesmo atiraria nela, em vez de confiar a tarefa a um de seus soldados.

* * *

Com o passar dos dias, Yasmeena tornava-se uma especialista em espionar, fingindo ler ou limpar sua cela enquanto escutava os soldados fofocarem sobre suas vidas como estupradores. Soube que havia um plano claro na estrutura da prisão sexual, uma estrutura desenhada pelo Capitão. Desde o começo, todos os homens tinham permissão para escolher uma mulher específica, e essa mulher era sua para que ele fizesse o que desejasse. Os estupradores nunca compartilhavam suas vítimas. Não era permitido que um dissesse ao outro como tratar sua mulher. Todos eram livres para estuprar, torturar, assassinar, e ninguém os questionaria.

Apenas uma coisa lhes era proibida: a liberdade de conversar com pessoas de fora sobre as mulheres. Eles não podiam divulgar detalhes de suas escravas sexuais para ninguém fora de seu círculo fechado, nem mesmo para outros soldados iraquianos. O Capitão mantinha os soldados iraquianos de outras unidades longe dali. Sacudia os ombros e dizia aos curiosos que a sua era uma unidade especial para prisioneiros perigosos, e que tinha ordens específicas para evitar que os demais entrassem.

Ao manter em segredo seu comportamento sórdido, aqueles soldados pareciam acreditar que seus atos não eram crimes.

Nesse momento, havia tantos kuwaitianos aprisionados por toda a cidade que nenhum soldado questionava o outro. O exército iraquiano era como um monstro maciço posto diretamente em cima da Cidade do kuwait, um monstro com longos braços que se estendiam por toda a vizinhança. Os soldados iraquianos eram livres para roubar, estuprar, torturar e assassinar, e ninguém os responsabilizaria.

Yasmeena soube que havia outras regras, mais apavorantes, na prisão sexual. Quando um estuprador desejava uma nova garota para estuprar, tinha que obedecer às ordens do Capitão para não haver testemunhas que descrevessem o destino das mulheres. De modo que, quando uma garota era "gasta", ela era executada. Nenhuma mulher poderia ser libertada para revelar a existência das prisões de estupro. O Capitão cada vez respeitava mais a tenacidade dos kuwaitianos. Se os homens do Kuwait soubessem o que acontecia com aquelas mulheres inocentes, isso poderia provocar um ataque à prisão.

As mulheres ficavam ali para serem estupradas, e quando sua capacidade de despertar desejo se esvaía, eram assassinadas. O Capitão era esperto e reconhecia que podia ser problemático para um homem executar a garota que não mais desejava. Um estranho àquela garota "gasta" a arrancava da cela, empurrando-a para um cercado atrás da prisão, amarrava-a no poste de execução e atirava nela.

Uma vez, quando estava de mau humor depois de Yasmeena não o satisfazer durante sua sessão sexual, o Capitão a avisou:

– Há um poste alto atrás da prisão, do tipo que se vê em velhos filmes de guerra, onde os espiões são executados. Nós amarramos as garotas nesse poste antes da execução.

Yasmeena nunca soube onde as garotas eram enterradas. Uma vez escutou um dos soldados gabar-se por levar os cadáveres de duas garotas e os depositar em latas de lixo diante de lojas. Com a aterrorizadora nuvem da execução pairando sobre sua cabeça, Yasmeena estava nervosa demais para perguntar ao Capitão onde as garotas eram enterradas. Mas ela realmente não queria saber.

* * *

(O cemitério Rigga está a cerca de 30 quilômetros ao sul da Cidade do Kuwait. Sabe-se que soldados iraquianos jogavam vítimas, incluindo vítimas de estupros, perto de latas de lixo, ou as atiravam nos cemitérios locais. O artigo a seguir é sobre essa prática, escrito depois da libertação do Kuwait.)

Filas de túmulos recentes em cemitério kuwaitiano são testemunhas silenciosas das atrocidades iraquianas:

"Cada monte recente no cemitério de Rigga conta uma história. O Sr. Mohammed conta essas histórias em um tom calmo e racional enquanto caminha entre as tumbas."

– *The Baltimore Sun*
4 de março de 1991

* * *

Yasmeena sabia que não poderia contar com a ajuda de ninguém. Ela estava se controlando. Agora, desejava apenas poder ajudar Lana e também as outras mulheres.

As jovens garotas ou mulheres que foram capturadas eram, em sua maioria, belas, já que as não atraentes não eram raptadas para serem estupradas. Algumas das mulheres eram educadas e lindas, mulheres que teriam se casado com homens proeminentes em suas respectivas sociedades, fossem kuwaitianas, libanesas ou sauditas.

Os estupradores ficavam excitados ao se verem com belas mulheres que jamais olhariam para eles em situação diferente. Como crianças em uma confeitaria, estavam deliciados com sua sorte, entusiasmados por saberem que podiam pegar qualquer mulher que quisessem, e que eram livres para desfrutar dos prazeres sexuais.

Com homens cruéis estuprando impunemente mulheres aterrorizadas, não havia nada que se assemelhasse a uma vida normal dentro dos muros do circo-prisão.

Capítulo 10

Caminhando na corda bamba

Refugiados kuwaitianos contam sobre os assassinatos e estupros iraquianos

Novos refugiados aqui chegados depois de fugirem do Kuwait fizeram relatos emocionados sobre os constantes assassinatos, estupros, tortura e evacuação forçada de civis feitos pelos iraquianos. Dentre as vítimas está uma garota de 12 anos que foi sexualmente atacada há duas semanas, segundo relato detalhado feito por uma médica kuwaitiana que declarou haver atendido a criança abusada... "A incidência de estupro agora aumenta em um padrão que parece se repetir, como uma doença contagiosa", disse ela. "Os soldados iraquianos invadem uma casa, amarram os homens, roubam todas as coisas de valor e estupram as mulheres. A maioria das mulheres que atendi foi molestada e, depois, sodomizada", disse a médica. "Quando as atendi, estavam em estado de choque, ainda negando o que acontecera com elas." A médica afirmou que a garota de 12 anos havia sido atacada por um soldado iraquiano que fazia parte de um grupo que invadiu sua casa, no subúrbio de Bayan, na Cidade do Kuwait, há duas semanas.

– *The New York Times*
2 de dezembro de 1990

Existem momentos de horror quando acontecimentos específicos mesclam-se com emoções humanas e fazem com que uma pessoa se torne temporariamente insana.

Isso aconteceu com Yasmeena, uma tarde, enquanto pintava as unhas com o esmalte dado pelo Capitão. A cor viva era a favorita do Capitão, vermelho-rubi. O momento da virada para a insanidade a balançou, provocado pelos gritos agudos de Lana.

Esses gritos perfuravam o ar com uma intensidade que destroçava qualquer coração sensível. Yasmeena sacudiu a cabeça e respirou fundo, pensando que os gritos de Lana eram tão agudos e ensurdecedores que se os guardas fizessem um concurso os gritos combinados das outras 14 mulheres aprisionadas não competiriam com os dessa pequena mulher. A pobre Lana ganharia uma coroa que nenhuma mulher desejaria.

Yasmeena olhou o relógio enfeitado que o Capitão havia roubado de uma joalheria para colocar na mesa do lado de fora de sua cela. Eram 3 horas da tarde, o momento do segundo estupro diário da amiga.

Mesmo antes de conhecer Lana ela havia sofrido por causa da garota desconhecida. Agora, sabendo algo sobre ela e a besta, seus perturbadores gritos suscitavam as imagens mais insuportáveis. Tudo que dizia respeito a Lana era pequeno e delicado, enquanto a besta era gigantesca e feroz.

Os gritos selvagens de Lana intensificavam-se, e a insanidade escorregava da cela de Lana para a da amiga. As mãos de Yasmeena começaram a tremer, apesar de isso não ser uma ocorrência incomum. Mas quando os tremores deslizaram de seus punhos para todo o braço e daí para seus ombros e se aninharam em seu pescoço, Yasmeena percebeu que estava com problemas. Os espasmos fixaram-se em seu pescoço e todo o seu corpo começou a tremer incontrolavelmente, fazendo-a se lembrar de uma vez em que fora a um parque de diversões em Beirute, de como havia gargalhado enquanto oscilava de um lado para outro. Mas, naquela ocasião, a oscilação corporal não era assunto de riso.

Quando os gritos de Lana alcançaram nova intensidade, Yasmeena sentiu esvair-se sua própria sanidade.

– Parem – gemeu. – Parem, parem, parem, por favor, parem.

Precisava fazer *algo* para parar com os gritos de Lana e interromper sua própria descida para a loucura, mas não podia fazer nada porque estava trancada em uma cela, incapaz de ajudar a amiga acorrentada no outro cubículo e sendo estuprada até a morte pelo pênis mais gigantesco conhecido por homens que levavam muito a sério esse tipo de coisa.

– Alguém o faça parar – implorou Yasmeena, antes de jogar o esmalte no chão e pôr-se de pé.

Sem saber como isso aconteceu, sentiu seu corpo se mover, saltando para cima e para baixo como uma mula caminhando sobre brasas.

As coisas pioravam a cada instante. Yasmeena era fisicamente rápida e ágil desde a infância, mas subitamente todo o seu corpo contorcia-se freneticamente. Se as pessoas não soubessem, podiam pensar que era ela a ameaçada pela besta de Lana.

Um dos estupradores passou por ali. Apesar de o Capitão haver proibido seus homens de olhar para Yasmeena, seus gestos extraordinariamente grotescos impediram que ele fosse indiferente. Ele parou, ficou ali de pé, e olhou. Surpreso, chamou seus camaradas. Os estupradores correram para o lado de fora de sua cela, reunindo-se em círculo para rir de seus extraordinários movimentos.

Um dos estupradores comentou em voz alta:

– O que é isso? Ela é artista de circo?

Yasmeena realmente deu um show. Em um momento ela agarrava as barras da cela. No momento seguinte tentava subir pelas paredes, enfiando os dedos pelas rachaduras no concreto. Perdeu todo contato com a realidade e enfiava a cabeça no colchão, a bunda no ar. Essa pose nada natural fez com que os brutos carcereiros dessem gargalhadas.

Um segundo estuprador concordou:

– Deve ser uma dessas piradas que pode girar o corpo como se fossem pretzels. Vi um espetáculo desses quando um circo de Budapeste passou por Bagdá.

– Temos nosso próprio circo – resmungou um estuprador baixo e gorducho. – Talvez possamos levar essa aí para Bagdá e vender ingressos.

Quando Yasmeena encolheu o corpo em S, risadas malignas a arrancaram de seu momento de loucura. Ela desabou no colchão e puxou o cobertor ralo por cima do corpo que tremia, o rosto enrubescido. Tonta com o exercício, sussurrava baixinho, especulando:

– O que aconteceu?

Ao escutar os estupradores animadamente comentar seu comportamento estranho e as contorções, compreendeu que havia mentalmente ido a algum lugar desconhecido para ela mesma e se perguntou se havia se comportado como algum dos desgraçados prisioneiros da "Jaula de Pássaros", a notória instituição de Beirute construída especialmente para os insanos. Seu primo médico havia lhe contado sobre esse estranho estabelecimento, e ela escutou atentamente as detalhadas descrições das atividades bizarras dos pacientes e suas extraordinárias capacidades físicas.

Yasmeena temia que, se não fosse logo resgatada desse circo-prisão, quando voltasse ao Líbano estaria destinada a ser internada naquele sanatório. Talvez seu primo fosse o médico que a internaria. Então ela ficaria sentada em um canto o dia inteiro e reviveria os horrores dessa vida como ex-escrava sexual, já que a maioria dos loucos vivia dentro de seus passados assombrados.

Seus pensamentos voltaram ao presente quando os estupradores, relutantemente, se dispersaram para cuidar de seus afazeres.

A essa altura os gritos de Lana já haviam se reduzido a um gemido baixo.

Yasmeena virou de lado, mais uma vez maquinando como poderia ajudar a si mesma e a todas as outras garotas. Apesar de saber que conseguir tal feito fosse um milagre, Yasmeena acreditava em milagres.

* * *

A decisão de Yasmeena de fazer o que fosse para sobreviver aumentou quando o Capitão exibiu sinais de um amor recém-descoberto. Suas falsas afeições dominavam os sentimentos e o comportamento dele. Segundo o Capitão, mesmo sua esposa lá no Iraque jamais se mostrara particularmente entusiasmada quando ele insistia em fazer sexo. Evidentemente, logo depois lamentou contar a Yasmeena esse pequeno segredo.

– É claro – acrescentou –, ela é a mãe de meus sete filhos e mantém a casa limpa e comida na minha mesa. Está certo que mereça descansar no fim do dia.

Alguns dias depois, ao fim de uma sessão particularmente longa de estupro, o Capitão revelou seu plano de requisitar uma casa na Cidade do Kuwait onde poderiam estabelecer residência, apesar de ele ter que ser cuidadoso. Seu Coronel podia acabar ouvindo falar do arranjo. Apesar de o Coronel não ter qualquer peso na consciência pelo fato de os soldados raptarem e estuprarem mulheres no Kuwait, não aprovaria que um de seus homens se apaixonasse pelas mulheres, e certamente não autorizaria o casamento. O Coronel tinha tanto medo de Saddam que não queria nada que pudesse causar atritos com Bagdá. Ao mesmo tempo que Saddam detestava os kuwaitianos e quaisquer outras pessoas que vivessem no Kuwait, e jamais punisse qualquer soldado que cometesse violência contra o inimigo, ele não ficaria feliz ao saber que um de seus soldados desposaria uma das mulheres cativas.

Por isso, o Capitão precisava ganhar tempo e bolar um plano cuidadoso, antes de proporcionar a Yasmeena a honra de se tornar sua segunda esposa.

Então, os esforços dela obtiveram uma vitória. Yasmeena agora era vista pelo Capitão como um ser humano, e não como um simples recipiente de seu órgão masculino. Ela passou a receber pequenos favores. O que mais queria era a liberdade de visitar Lana frequentemente, a qualquer momento em que as duas mulheres não estivessem sendo estupradas. Ficou satisfeita quando o Capitão prontamente concordou com o pedido. Ele logo orientou seus homens a escoltar Yasmeena até a cela de Lana uma vez ao dia, às 5 horas da tarde, duas horas depois do estupro vespertino e sete horas antes do estupro da meia-noite.

Quando Yasmeena mencionou que sentia o machucado por conta de seu grande órgão masculino, o Capitão enviou quatro de seus homens até a cidade para roubar vários cremes e analgésicos. Os homens, querendo agradar seu Capitão, voltaram com um grande suprimento de medicamentos. Quando perguntou se poderia distribuir alguns deles para as outras mulheres, ele concordou, surpreendentemente.

* * *

No dia seguinte, Yasmeena conferiu seus suprimentos. Enfiou vários de cada artigo em uma bolsinha com a qual o Capitão havia lhe presenteado para guardar sua maquiagem. Enfiou também pacotes de biscoitos e outras delícias. Muitas vezes ouvia as mulheres gritarem e implorarem por comida. Seus jovens estupradores ficavam tão excitados com o sexo ilimitado que era comum que se esquecessem de providenciar comida para as mulheres.

Yasmeena arrumou os cabelos compridos em um rabo de cavalo, vestiu uma roupa discreta e escolheu um novo par de sandálias de verão roubados por seu Capitão antes de chamar os guardas.

– Por favor, me deixem sair. Tenho licença para ir até as mulheres.

Limpa depois do banho, e bem-vestida, e indo agora visitar outras mulheres, Yasmeena sentia-se quase normal pela primeira vez desde que fora raptada, apesar de sentir uma ponta de culpa no pensamento. Era a única mulher a receber tais favores.

Dois dos estupradores aproximaram-se rapidamente, destrancando a cela, dando espaço para que Yasmeena saísse. A despeito da cena burlesca que tanto havia divertido os estupradores, nenhum deles jamais ousou mencionar esse dia para o Capitão ou para Yasmeena. Agora eles pareciam ansiosos pela oportunidade de serem úteis, pois seu Capitão havia advertido a todos que não exibissem qualquer sinal de agressividade para com sua mulher.

Na verdade, pareciam curiosos acerca de Yasmeena. Eram subordinados imaginando que seu Capitão havia perdido a cabeça pela garota. Yasmeena era muito bonita, e tinha os maiores e mais belos seios da prisão, mas sua beleza não se comparava à de Lana ou mesmo à de várias outras jovens.

Yasmeena sabia o que suscitava a curiosidade dos soldados. Os homens do Capitão, e as outras mulheres, notaram que pela primeira vez uma mulher estava sendo tratada mais como uma hóspede privilegiada na prisão do que como prisioneira.

Apenas Yasmeena sabia o vergonhoso segredo de seu privilégio. Ela fingia amar o homem que a estuprava. Mas tinha assuntos mais importantes em que pensar, e tirou da cabeça sua conduta desonrosa. Naquele instante, ela estava imbuída da bela coragem de uma mulher que ajudaria outras.

Ao entregar os analgésicos para as sofridas mulheres, Yasmeena sentia-se uma moderna Florence Nightingale, a enfermeira inglesa que ficou famosa durante a Guerra da Crimeia. Yasmeena aprendeu sobre essa devotada mulher durante seus anos escolares em Beirute, e lembrava que ela nascera em uma rica família inglesa que vivia em Florença, na Itália. Recebeu o nome em homenagem à bela cidade e esperava-se que vivesse a agradável vida de uma mulher da sociedade. Mas ela abriu mão dessa vida e se dedicou a ajudar os outros.

Yasmeena pensou rapidamente que ela também se devotaria a alguma boa causa se conseguisse sobreviver a esse louco circo da prisão.

Com exceção de Lana, Yasmeena jamais havia falado com as outras mulheres. Mesmo agora, ela não tinha permissão para visitá-las em suas celas, apesar de poder distribuir-lhes remédios e alimentos.

Todas as mulheres ficaram surpresas com a chegada de Yasmeena. É claro que todas sentiam dores e estavam aflitas e machucadas, e agarraram ansiosas os remédios e a comida oferecidos. Foi então que Yasmeena descobriu que nove delas eram do Kuwait e três eram filipinas. Todas eram jovens. As kuwaitianas eram estudantes, audaciosas demais para seu próprio bem, e foram raptadas quando saíram dirigindo com amigos, pensando em ver como estava a cidade ocupada. As prisioneiras filipinas eram domésticas dos kuwaitianos, pobres mulheres que haviam sido agarradas pelos soldados quando saíram para fazer tarefas para seus empregadores. Nenhuma das mulheres parecia estar bem, o que não surpreendeu Yasmeena.

Seu coração palpitou nervosamente quando passou por dois cubículos vazios próximos à cela de Lana. Naquele dia, mais cedo, ela ouviu o ruído de duas jovens implorando por suas vidas, seus apelos por piedade rapidamente seguidos pelo ruído de disparos. Ela não sabia muito sobre essas prisioneiras, exceto que eram mulheres árabes que tinham chegado ao seu amargo fim.

Além de Yasmeena, havia agora apenas 12 prisioneiras nas celas, número inferior às 15 de antes. O incidente reforçou sua determinação de manipular o Capitão com palavras falsas e gestos de afeição. Por mais difícil que fosse demonstrar falso prazer durante os estupros, essa era a única maneira de sair viva daquela prisão.

Yasmeena tropeçou chocada quando chegou à cela de Lana. Era uma visão horrível demais, no entanto, era a realidade. A jovem kuwaitiana estava despida, no colchão. Era impossível que ela cobrisse o corpo, pois estava atada para ficar imóvel. Suas mãos estavam amarradas acima da cabeça. Suas pernas, arreganhadas, e o sangue, empoçado entre as pernas. Cada tornozelo estava amarrado em uma barra diferente da cela.

Yasmeena sufocou um grito. O rosto de Lana estava inchado e sangue seco cobria seus lábios.

O olhar suplicante de Lana encontrou o de Yasmeena, mas ela não emitiu qualquer som, simplesmente piscando os olhos ao reconhecê-la.

Yasmeena achou que Lana podia estar morrendo.

Os guardas trocaram olhares de vergonha diante da condição de Lana, apesar de serem quase tão depravados quanto o estuprador da jovem. Pelo menos eles tiveram a decência de parecer envergonhados, murmurando entre si enquanto destrancavam a porta e permitindo que Yasmeena entrasse. O mais velho advertiu Yasmeena:

– Não a desamarre.

O mais novo dos dois estupradores confirmou as regras que os uniam:

– Ela não é assunto nosso.

Yasmeena resmungou suavemente entre os dentes. Cada um dos estupradores era como um rei no circo da prisão.

Ela correu para dentro da cela, colocando os remédios no chão e ajoelhando-se ao lado da jovem kuwaitiana, aconchegando Lana em seus braços. Era evidente que Lana havia levado uma surra terrível. Agora que estava mais perto,

Yasmeena pôde observar todo o estrago. O rosto da garota kuwaitiana estava machucado, com um olho inchado e ferido. O nariz parecia estar quebrado, com sangue seco incrustrado nas narinas. Os lábios estavam inchados e tão secos que racharam em vários lugares. O olhar de Yasmeena rapidamente passou pelo corpo de Lana. O pescoço também estava bem machucado e ela pôde ver que as marcas tinham a forma de dedos, como se o estuprador tivesse tentado estrangulá-la. Os seios pequenos estavam avermelhados e os mamilos inchados e cobertos de sangue coagulado. Por vergonha, Yasmeena optou por não inspecionar a área genital de Lana, apesar de saber que o sangue indicava um ferimento substancial.

Yasmeena sussurrou:

– Lana, o que ele fez com você?

Lana não explicou, apenas movendo ligeiramente a cabeça e tentando umedecer os lábios com a língua inchada.

– Sede – disse a jovem, com a voz rouca e vacilante.

Yasmeena levantou-se, procurando por água, encontrando, por fim, duas garrafas de água mineral em um canto. Fez um rápido levantamento da cela. Não havia nada mais além do colchão de Lana, uma cadeira, algumas cordas, o balde usado como toalete e outro para se lavar, e as duas garrafas de água. Lana não tinha comida.

Mais uma vez, Yasmeena acomodou a kuwaitiana cuidadosamente em seu colo, derramando vagarosamente gotas de água. Depois de um bom tempo, Lana acabou bebendo o conteúdo de uma garrafa.

Yasmeena calculou o tempo que teria antes de precisar voltar para sua própria cela. O Capitão dissera que o tempo de visita era de apenas uma hora. Puxou, então, as cordas ao redor dos punhos de Lana. Haviam sido apertadas até a corda cortar a carne até o osso. Sem se importar com as consequências, Yasmeena mexeu nas cordas até desatá-las dos braços e punhos de Lana. Tentou soltar os tornozelos presos, mas fracassou. Precisava de um instrumento amolado para cortar aquelas cordas. E isso era algo que ela não tinha.

– Obrigada – murmurou Lana. – Minhas mãos já estavam dormentes.

Yasmeena repetiu:

– Lana, o que ele fez com você?

O pequeno corpo de Lana tremeu.

– O de sempre... mais do mesmo.

Não havia necessidade de mais perguntas, pois a verdade era óbvia e dolorosa. O estuprador de Lana a estuprava com a violência de sempre, mas os espancamentos se tornavam cada vez mais ferozes. Lana parecia ter apanhado quase até morrer.

A despeito de sua condição física precária, ela estava esfomeada. Relatou que não havia comido nada nas últimas 24 horas. Seu estuprador a manteve amarrada todo o tempo em que não a estava estuprando. Havia estabelecido um novo objetivo, disse Lana:

– Ele diz que vai me fazer dar o braço a torcer. Vai me forçar a admitir que gosto de suas atenções. Jamais farei isso. Morro antes disso.

Yasmeena encolheu-se involuntariamente, sentindo-se covarde, uma mulher que manipulava a situação para poder viver. Ela sabia que, apesar de Lana ser muito jovem, era a pessoa mais forte que já conhecera. Tinha certeza de que Lana jamais cederia a seu estuprador. Lutaria contra a besta enquanto tivesse vida.

Yasmeena dissimulou sua pena e horror, alimentando a garota com um pacote de biscoitos e algumas bolachas.

Lana então balançou a garrafa de água com as mãos e dedos inchados, bebendo o que conseguia.

Yasmeena lhe disse:

– Trouxe alguns remédios para dor, e alguns cremes para suas feridas. Quer ajuda para aplicá-los?

– Por favor. Obrigada. Por favor, me ajude.

Yasmeena molhou um pano no balde de água e gentilmente limpou o sangue do rosto de Lana. Fez uma pausa nos seios, indecisa quanto ao que fazer. Estava envergonhada. As mulheres árabes são extremamente recatadas por sua natureza e cultura.

Mas dessa vez Lana confidenciou que havia sido humilhada tantas vezes pelo seu estuprador que já não sentia vergonha que Yasmeena visse tudo em seu corpo.

– Pode ir em frente, por favor, me limpe, e aplique os cremes. Todas as partes do meu corpo estão ardendo e não posso fazer nada para me ajudar.

Sem falar, Yasmeena demorou-se o quanto necessário, limpando o sangue e a sujeira do corpo de Lana vagarosa e gentilmente. Quando começou a lavar a jovem, Yasmeena compreendeu que a sujeira era, na verdade, o sêmen do estuprador. Havia sêmen em toda parte: nos cabelos, no rosto, nos cantos da boca e no peito de Lana. Ele era um monstro selvagem, espirrando seu sêmen por todos os lugares. A Yasmeena de alguns meses atrás sentiria repulsa de fazer uma coisa daquelas, mas agora estava estranhamente calma, querendo apenas limpar a amiga, tirar tudo do monstro do corpo da garota kuwaitiana.

Quando Yasmeena parou novamente na área do abdome, Lana disse:

– Não fique sem graça. Quero que olhe. Quero que veja o que ele fez comigo.

Yasmeena ficou ainda mais atenta. Jamais em sua vida havia olhado de perto o corpo de outra mulher. Na verdade, jamais havia examinado seu próprio corpo e jamais havia inspecionado sua genitália. Ela só precisava saber que tinha genitália e que esta estava no lugar adequado entre as suas pernas. Yasmeena jamais se permitira pensar sobre isso, pois aquela área do corpo feminino era um tabu em sua cultura. Ela sentia-se envergonhada até mesmo de contar para alguém que uma vez, depois de um estupro particularmente doloroso, havia tocado sua genitália dolorida, tentando verificar se havia uma infecção entre as suas pernas.

Lana insistiu:

– Por favor, olhe. Não consigo ver o que ele fez, mas sinto muita dor entre as pernas, e acho que algo muito grave está acontecendo aí embaixo.

Yasmeena observou que os tornozelos de Lana estavam amarrados separadamente, de modo que as pernas estavam arreganhadas. Yasmeena moveu-se vagarosamente, preocupada com o que poderia ver. Quando se agachou entre as pernas de Lana, esta tentou abri-las ainda mais amplamente, mas as cordas estavam muito apertadas. Finalmente, Lana deslizou para baixo, levantando ligeiramente as pernas.

Yasmeena mordeu os lábios para prender a respiração. Havia um fedor forte, apesar de ela na verdade não conseguir ver a genitália de Lana. O tecido entre as pernas de Lana estava inchado, do tamanho de um pequeno melão, e de uma cor vermelha brilhante, parecendo um enorme tumor com veias azuis saindo do corpo. O inchaço parecia ter vida própria, e Yasmeena notou as batidas do coração de Lana pulsando naquela massa, que parecia pulsar com certa cadência. A grande poça de sangue entre as pernas de Lana era assustadora.

O olhar de Lana fixou-se em Yasmeena.

– É grave?

– Não sei. Não sei como essa área deveria parecer.

– É grave? – repetiu Lana, que parecia estar bastante consciente para perceber que Yasmeena queria poupá-la.

– Sim, Lana. É grave – admitiu Yasmeena finalmente. – Você está muito inchada. E está muito avermelhada e assada. Acho que tem uma infecção.

Lana assentiu, a voz baixa e sem tom, como se pudesse estar falando sobre algo corriqueiro como ir fazer compras.

– Tenho certeza de que essa besta que me tortura não é humana. Devia ser exibido em público como uma espécie nova e assustadora... dentro de uma jaula. Olha, há dois dias ele visitou um hospital e veio com alguns instrumentos que os médicos usam para abrir as mulheres a fim de examiná-las. Ficou excitado com a ideia de estudar o corpo feminino, por dentro e por fora. Ele me amarrou em uma posição na qual eu não conseguia lutar. E então usou esses instrumentos em mim, me abrindo, e depois remexendo por dentro durante muito tempo, com algum outro troço médico comprido e que parecia estar bem sujo, coberto de sangue e tecidos. Implorei para que ele parasse, mas ele só ficou mais agressivo com os instrumentos. Acho que me passou alguma infecção séria com essas coisas. Perdi muito sangue. E agora tudo aí dentro fica pulsando faz horas.

– Ah, Lana. Eu sinto muito.

– Por favor, coloque um pouco dos seus remédios aí. E me dê mais uns dois analgésicos.

Yasmeena mal podia falar ou se mexer. A situação de Lana era horrível demais para aceitar, mesmo que ela estivesse vendo tudo com seus próprios olhos. Yasmeena queria correr, fugir dali, voltar para o drama amador de sua própria cela, onde nada que ela fazia era real. Tudo na cela 15 era representação. Ela era uma atriz representando um papel horrível; um papel importante, mas, mesmo assim, um papel, fingindo adorar os abraços de um estuprador sádico. O Capitão era um homem que não sabia nada de sua própria realidade, acreditando ser um rei quando não era nada mais que um pobre homem sem educação que pensava que as mulheres que raptava e estuprava agradeciam seus ataques sexuais. Então, a vida dele também era uma representação. Os próprios estupros de Yasmeena agora pareciam ser uma simples rotina, até aborrecidas, em comparação com a realidade de Lana. Naquele momento, ela sentiu que ser violentada pelo Capitão não era mais perigoso que um mergulho no oceano enquanto nadava decidida para evitar o contato com uma água-viva ou uma mordidinha de um curioso bebê tubarão inquisitivo.

No fundo do coração, Yasmeena sentia que Lana logo estaria morta. Mas agora lutava contra seu pânico, e se colocou entre as pernas de Lana, desenroscando a tampa do creme antibiótico.

– Isso vai doer, Lana.

Lana sorriu levemente.

– Agora já estou acostumada com a dor.

Mas quando os dedos de Yasmeena tocaram a área privada de Lana, ela se contorceu e gritou, incapaz de aguentar o mais leve toque.

Yasmeena tinha dúvidas se Lana sobreviveria a mais um estupro antes do fim do dia, pois sabia que nada deteria o estuprador... nada. Yasmeena estremeceu quando pensou no que Lana suportaria mais tarde. O monstro a estupraria novamente, a despeito daqueles sérios ferimentos. Ele desfrutaria da agonia da jovem.

– Preciso fazer isso, Lana. – Yasmeena olhou ao redor e pegou a garrafa vazia de água mineral do chão. – Tome, segure isso entre os dentes. Tente aguentar a dor. Vai ajudar.

Yasmeena escutou o plástico rasgando quando Lana mordeu. Ela se contraiu com gemidos suaves enquanto Yasmeena espremia todo o conteúdo do tubo em sua genitália. Olhou ao redor e encontrou alguns trapos limpos, que amarrou em volta do quadril de Lana, segurando tudo bem firme com as mãos até o sangramento parar. Depois, usou os trapos para limpar o sangue.

Yasmeena abriu um segundo tubo e começou a aplicar creme nos mamilos da amiga.

De repente, ouviu-se um barulhão. O coração de Yasmeena afundou quando viu o monstro estuprador avançando pela porta da cela, querendo pegar as duas. Por algum inexplicável motivo, ele havia voltado à prisão.

Yasmeena ficou sentada, imóvel, congelada como o antigo bebê mamute que vira em uma revista de ciência, aterrorizada diante do homem que realmente parecia mais uma besta que um ser humano.

Lana soltava miadinhos, como um gatinho.

Os dois soldados que haviam acompanhado Yasmeena agora saltaram para o meio da briga, puxando o monstro pelos braços, gritando com ele, advertindo-o.

– *Cuidado!* Seu Capitão aprovou essa visita!

Na verdade, até aquele momento Yasmeena jamais havia visto de perto o estuprador de Lana. Percebeu como era justo o apelido de Lobisomem dado por Lana. A figura diante de Yasmeena parecia mesmo ser meio homem e meio besta, um verdadeiro Lobisomem. Aquela criatura cruel deveria estar atrás das grades, um monstro a ser exibido em um dos circos itinerantes formados estritamente para exibição de animais bizarros.

A besta era mais forte que os dois outros estupradores juntos. Livrou-se deles, agarrou Yasmeena pelo braço com força, puxou-a e a empurrou para fora da cela de Lana. Yasmeena o viu chutar a indefesa Lana.

Os dois soldados estavam alarmados, temendo que a besta atacasse Yasmeena. Sabiam que, se isso acontecesse, o Capitão iria pôr a culpa neles. Assim, apressaram-se para levar Yasmeena pelo corredor de volta à cela 15, que de repente pareceu para ela o santuário mais calmo do mundo. Justo no momento em que a porta da cela de Lana foi trancada, os gritos angustiados da garota ecoaram por toda a prisão.

Com a imagem do que Lana estava sofrendo aparecendo em relances em sua mente, Yasmeena caiu em seu colchão. Ela sentia como se todo o seu corpo estivesse chorando. Passou horas sem se mexer, pois uma neblina de desespero a oprimia completamente.

Capítulo 11

Sobreviver!

Impasse no golfo

No dia anterior à votação do Conselho de Segurança autorizando o uso da força para expulsar o exército iraquiano do Kuwait depois do dia 15 de janeiro, o Kuwait fez um discurso incomum e comovente ao Conselho sobre os abusos contra os direitos humanos cometidos pelas autoridades iraquianas. Usando testemunhos em videoteipe e ampliações gigantes de fotos de vítimas de tortura, exilados kuwaitianos contaram a um silencioso e estupefato Conselho de Segurança sobre os horrores que disseram estar sendo infligidos pelos soldados iraquianos ao povo kuwaitiano. No seu último relatório, a Anistia Internacional afirmou que, com base em inúmeras entrevistas com refugiados, se constatou "um quadro horripilante de prisões em diversos lugares, torturas sob interrogatório, execuções sumárias, e assassinatos extrajudiciais em massa".

– *The New York Times*
16 de dezembro de 1990

Yasmeena observou o lampejo de raiva que passou pelo rosto do Capitão. Ele controlou-se, apesar de os lábios continuarem crispados de irritação. Ele acabara de ser informado sobre a altercação entre o estuprador de Lana e os demais soldados. Yasmeena sentiu um peso saindo de suas costas ao saber que o Capitão estava aborrecido com o estuprador, e não com ela, pois jamais se sabia como o Capitão reagiria em circunstâncias adversas. Também temia que Lana fosse considerada culpada. O Capitão havia deixado claro mais de uma vez que os gritos e gemidos de Lana o irritavam, dando a Yasmeena a impressão de que esperava que o estuprador se cansasse daquela garota histérica e pedisse a execução dela. Mas até então a besta estupradora permanecia apaixonada por Lana; seus gritos e angústia o excitavam, pois aparentemente ele saboreava o fato de a bela jovem ser propriedade exclusiva dele. A besta queria Lana viva para ser estuprada.

Yasmeena permaneceu em silêncio durante uma hora, enquanto o Capitão permanecia sentado, olhar fixo no novo ventilador de teto que mandara instalar na cela, como se tivesse um segredo importante a ser revelado.

Yasmeena tinha esperança de que finalmente o Capitão punisse a besta. Se pudesse tornar reais seus desejos, ela queria que ele ficasse tão zangado que transferisse o estuprador de Lana para outra unidade. Ou talvez ordenasse que ele parasse de torturar a garota. Não que cada garota estuprada não estivesse sendo torturada, mas a tortura de Lana comparada com as dela era comparar o monte Everest com uma pequena colina do norte do Líbano. O estuprador de Lana parecia dedicado a brutalizar sua jovem vítima até a beira da morte.

Yasmeena achava que a besta havia sido treinada como torturador. Ele produzia mecanicamente a dor mais excruciante sem levar à morte, habilidade dominada apenas por especialistas em tortura.

Yasmeena já ouvira falar sobre casos similares de tortura contínua. Ouvira histórias de uma família cujos dois filhos incidentalmente cruzaram a fronteira enquanto caçavam pássaros perto da aldeia de Jazzin. Os rapazes ainda eram muito jovens, o mais novo com apenas 18 anos e o mais velho ainda não havia completado 21. Os dois foram presos e levados até Damasco, onde foram acusados de espionagem. O mais velho foi executado um mês após ser preso, na frente do irmão, e o sobrevivente foi impiedosamente torturado durante dois anos. De repente, como um raio caindo do céu azul, e sem explicações, os sírios o levaram até a fronteira com o Líbano, onde o jogaram dentro de um automóvel, ordenando que ele fosse até sua aldeia e avisasse a todos os seus conhecidos que não espionassem a Síria.

Quando fora raptado, era um jovem saudável; dois anos depois, voltou como um homem envelhecido e quebrado, contando a seus aflitos pais sobre a morte do filho mais velho, e os horrorizou com suas histórias de tortura. Quem escutava mal podia acreditar na existência de tanta brutalidade e perseguição. Mas sua audiência sabia do cruel regime baathista de Assad na Síria. Todos sabiam que aquele jovem era muito honesto e, além disso, a aparência dele já comprovava a veracidade de sua história.

É claro que os detalhes não foram contados às mulheres da aldeia, pois os árabes excluem as mulheres de tais conversas. Entretanto, Yasmeena escutou o pai comentar com o tio dela que ele estava contente por ter filhas, porque o Oriente Médio era um lugar perigoso demais para os homens. Yasmeena ficou intrigada com essa declaração. Ela sabia que o maior pesar da vida de sua mãe era não ter proporcionado um filho a seu marido e agora ela escutava o pai comentar que estava feliz por *não* ser pai de um filho.

Quando escutava os homens conversando sobre o destino do filho do vizinho, ela era atraída pela conversa, e então prestava atenção. Nesses momentos, se culpava por não ter sido mais curiosa e não ter sabido antes de tais coisas. Não conseguia mais ver o filho do vizinho como antes. Agora o imaginava despido e sendo obrigado a se sentar sobre um pedaço afiado de metal que rasgava seu reto e dilacerava seus intestinos, ou pendurado em um ventilador de teto enquanto eletrodos eram ligados à sua genitália.

Tanto a Síria quanto o Iraque eram governados por regimes baathistas, e ela agora percebia que havia algo de particularmente vil na estrutura desses governos.

Ela pouco podia comentar com seu Capitão porque sua posição como vítima de estupros era a de uma serva e amante obediente. O Capitão não era um homem que aceitasse a opinião de uma mulher. Ao mesmo tempo que seus pensamentos fervilhavam com o que o Capitão poderia fazer para salvar as mulheres, ela permanecia em silêncio, não desejando comprometer as melhoras em sua situação. Yasmeena movimentava-se dentro da pequena cela, servindo chá quente ao Capitão, enquanto ele esperava que ela cozinhasse alguns ovos no fogareiro. Ela tirou iogurte de seu pequeno refrigerador e cuidadosamente arrumou a comida, exatamente como o Capitão gostava: ovos cozidos e descascados cortados ao meio, duas colheres de iogurte do lado, com pão árabe fresco embrulhado em um pano limpo. Quando o Capitão conseguia alguma fruta no mercado, gostava de completar a refeição com fruta, apesar de que, quanto mais tempo durava a ocupação, mais difícil era encontrar frutas nos mercados, segundo os soldados encarregados de roubar comida.

Ele finalmente parou de olhar para o ventilador do teto e começou a comer, com movimentos apressados, um homem faminto. Yasmeena sentou-se novamente em silêncio, esperando que ele terminasse. Ela sabia que teria muito tempo para comer mais tarde, depois que o Capitão a estuprasse durante algumas horas.

Ficou sentada pensando, mas não disse nada. O Capitão não era homem de estimular conversas polidas enquanto comia. Lembrando seu pai educado e a maneira como cuidadosamente escolhia pedaços de seu prato, mastigando em silêncio e conversando com a esposa e as filhas sobre assuntos sociais, Yasmeena comparava a lembrança aos modos grosseiros do Capitão e lamentava sua falta de educação.

Depois de limpar os restos do ovo com o pão árabe, o Capitão olhou para Yasmeena e ordenou:

– Tire toda a roupa e deite de barriga para baixo.

Ela obedeceu, e ele se fartou enquanto calmamente a estuprava por trás, e ela expressava prazer, mesmo quando apertava os dentes. Mas estava contente de ser estuprada pelo Capitão em vez de o ser pelo monstro de Lana. E agradecia a Deus por esse pequeno favor. Depois, obrigava-se a dar um sorriso agradável e dizer ao Capitão o quanto era bom, e até implorar que ele não fosse embora, e ficasse para lhe fazer companhia. Seu talento para manipulá-lo progredia. Uma das maiores mentiras foi quando lhe disse:

– Sinto sua falta quando não está aqui.

Ele sorriu, nada surpreso por Yasmeena haver se apaixonado por ele. Depois se lavou e se vestiu. Na porta da cela, virou para trás e a encarou. Finalmente falou, arrastando as palavras, como se tivesse o dia inteiro para dizer algumas palavras:

– Você tem minha permissão para continuar visitando a garota uma vez por dia. Pode visitá-la toda tarde, às 5 horas, mas apenas por uma hora. Comunicarei a meus homens.

Ele notou seu olhar preocupado, como se pudesse ler sua mente.

– Você não será perturbada novamente. Ele será comunicado que essa hora é sua – completou ele.

Yasmeena conseguiu ter coragem para perguntar:

– Mas e se ele ficar com tanta raiva e matá-la?

O Capitão deu de ombros.

– Isso não é da minha conta. A garota é dele. Pode fazer com ela o que quiser. O que me importa é que ele não desafie minha ordem de que você pode visitar a garota. – E fez uma pausa. – Se tocar novamente em você, ele vai se arrepender.

Foi quando Yasmeena compreendeu que, de muitas maneiras, seu Capitão era mais perigoso que a besta. A besta era governada por emoções, e era perigoso apenas para as mulheres que estuprava. O Capitão não sentia nada, e facilmente poderia matar qualquer um que o desafiasse.

Yasmeena foi mais uma vez lembrada de que estava a salvo apenas e enquanto o agradasse. Não podia cometer erros. Seu Capitão, o homem que acreditava poder amá-la, o homem que estava convencido de que ela o amava, o homem que pensava em fazer dela sua segunda esposa, podia se transformar instantaneamente em seu assassino se ela o desapontasse.

Isso não iria acontecer. Desde o instante em que escolheu viver, Yasmeena havia se transformado exatamente na mulher que o Capitão desejava. E essa era a única razão pela qual sobreviveria.

Capítulo 12

Você nunca mais poderá voltar para casa

O Conselho de Segurança das Nações Unidas estabeleceu a data limite de 15 de janeiro de 1991 para que o Iraque se retirasse completamente do Kuwait. Em vez de sair, Saddam endureceu e exortou seus soldados e seu povo para se prepararem para a "mãe de todas as batalhas", que logo aconteceria.

– *Understanding Iraq*
Joseph Tragert

Yasmeena achou que Lana parecia uma criança, a despeito de estar vestida com um *negligée* preto. Claramente era uma das peças que o monstro estuprador havia roubado e a forçara a vestir. Pelo menos Lana não estava mais nua e com os punhos e tornozelos amarrados. Estava deitada em silêncio no colchão, com as costas viradas para a porta. Ela visivelmente estremeceu quando a porta da cela abriu, sem dúvida temendo que seu estuprador houvesse regressado mais uma vez de surpresa.

– É Yasmeena, Lana – disse suavemente. – Não há motivo para ter medo.

– Yasmeena. Não. Não. Por favor, Yasmeena, você deve ficar longe de mim – apelou Lana. – Ele prometeu matar nós duas.

Apoiada pela certeza de que seu Capitão a protegeria, Yasmeena queria correr o risco.

– Então morreremos juntas, Lana – falou com firmeza.

Yasmeena tinha boas razões para estar confiante, pois soube de um segredo importante. O Capitão não vacilara em deixar o monstro saber que estava descontente. Por volta do meio-dia, ele havia destacado o monstro estuprador como voluntário para o comandante de área, que precisava de um soldado para entregar documentos importantes na região da fronteira com a Arábia Saudita. Yasmeena sabia que o Capitão estava zangado com o sujeito, e essa era uma maneira de demonstrar seu desprazer, fazer que não tivesse sexo por um dia inteiro.

– Não precisamos nos preocupar, Lana. Soube que o monstro está em uma missão militar e não volta até amanhã. Pelo menos esta noite você está a salvo.

Lana respirou fundo e se virou lentamente, com esperança no rosto. Yasmeena supôs que a pobre coitada pensava que, pela primeira vez desde que fora raptada, seria estuprada apenas uma vez naquele dia, em vez das três vezes cuidadosamente programadas pelo estuprador. Apesar de Lana parecer exausta e perto da morte, Yasmeena observou um tímido otimismo começar a brilhar no olhar da jovem.

Yasmeena sorriu, e Lana tentou sorrir, mas seu rosto estava tão inchado e machucado que mal podia contorcê-lo, de tão graves que eram seus ferimentos.

Yasmeena ficou horrorizada, mas não reagiu. Ela se concentraria na boa sorte das duas. De fato, levava consigo várias bolsas cheias de água, leite, algumas frutas, frango grelhado, dois pedações de pão árabe e até mesmo um doce turco coberto de mel, algo que o Capitão havia comprado para Yasmeena, mas que ela deu a Lana. Na verdade, havia comido pouco nas últimas 24 horas, para guardar boa parte de sua comida para Lana. Deixou os pacotes no chão e se voltou para ela, sentando-se ao seu lado, tocando de leve em seu ombro. Buscou sua mão, mas recuou no último momento, depois de ver que os dedos de Lana estavam inchados, ensanguentados e grosseiramente deslocados.

Os dedos quebrados de Lana dispararam na mente de Yasmeena a imagem de um antigo rosto familiar. Ela se lembrava de seu motorista favorito. O pobre homem era uma boa pessoa, sempre gentil e cortês com todos, especialmente com as crianças, já que só via seus próprios filhos apenas uma vez em dois anos, quando saía do Líbano com um mês de férias pagas. Era do Sri Lanka e deixou a família lá para buscar trabalho no Oriente Médio. Os dedos do pobre homem eram fonte de enorme curiosidade para todas as crianças da vizinhança, pois cada um deles era espantosamente mutilado. Alguns cortados nas juntas, alguns dobrados para baixo e outros quebrados para cima, cada um aparentemente apontando para direções diferentes. Aquele homem gentil gracejava sobre seu azar, contando para as crianças que, quando pequeno, ele era muito curioso sobre coisas que não lhe diziam respeito. E suas mãos acabaram ficando presas, certa vez, nas engrenagens de uma máquina da oficina do tio.

Yasmeena achava um milagre que ele pudesse usar essas mãos para dirigir um automóvel, mas ele assegurou a ela e às demais crianças que os dedos que apontavam em todas as direções haviam se revelado uma vantagem para o motorista. Ele mostrava os dedos, brincando, e dizendo às crianças que, "Quando preciso girar a roda do carro, meu cérebro se liga com o dedo certo, que funciona perfeitamente, e lá vamos, na direção certa!".

Yasmeena sacudiu a cabeça para afastar essa imagem da mente. Sua boca estava seca e ela mal conseguia falar, mas achou as palavras para perguntar:

– Lana, minha querida, o que ele fez com as suas mãos?

– Ah, minhas mãos – respondeu ela meio aérea, levantando os braços e olhando cuidadosamente para as mãos e os dedos, como se os visse pela primeira vez. – Ah, ele perguntou se eu tocava algum instrumento musical. Eu lhe disse que na verdade não, mas que sempre desejei tocar piano. Ele me olhou por muito tempo, abrindo aquele sorriso malvado. E disse, não, isso não vai acontecer. Não tinha ideia do que ele queria dizer com isso, e acabei esquecendo, para dizer a verdade. Mais tarde, depois de me estuprar por mais de uma hora, ele me amarrou como se eu fosse um animal. Quando se tornou impossível que eu mexesse qualquer músculo, ele começou a rir como uma hiena. Antes que eu percebesse o que se passava naquela mente doentia, ele se ajoelhou ao meu lado, apertando meus braços com os joelhos, primeiro uma das mãos e depois a outra. E bateu nos meus dedos no chão com um martelo.

Lana olhou mais uma vez seus dedos.

– Acho que ele quebrou todos os ossos – ponderou ela em voz baixa. Franziu a testa enquanto esticava os braços, deixando Yasmeena olhar bem seus dedos. – O que acha? Não acha que todos esses ossos estão quebrados?

– Ah, Lana – sussurrou Yasmeena.

– Tudo bem. Não vou mesmo tocar piano nunca. Você e eu sabemos que ele vai me matar.

– Não diga isso, Lana.

Lana sacudiu os ombros.

– Nós sabemos da verdade. Morrerei aqui.

Yasmeena lutou contra um doloroso ímpeto de resignação, sabendo que, a despeito das chances, tinha que usar todas as suas forças para salvar Lana. Havia chegado ao ponto de amar a garota como amava suas três irmãs. Precisava dar alguma esperança a ela, que rapidamente perdia a fé de que poderia sobreviver.

– Lana, você pode fazer isso, *Inshallah*. Pode sobreviver a esse bruto. Meu Capitão diz que posso visitar você todos os dias. E me deu permissão para lhe trazer alimentos nutritivos. Vamos tentar fazer com que recupere as forças. – E Yasmeena repetiu tudo com ênfase, para dar a Lana a coragem e a determinação das quais precisava. – Você pode escolher viver. Só assim poderá sobreviver a esse bruto.

Então Yasmeena levantou-se e se encostou nas barras da cela, para ter certeza de que os soldados não a escutavam, antes de voltar a sussurrar no ouvido de Lana:

– Escute, Lana, escute. Meu Capitão está preocupado. Ele permite que eu tenha um rádio, apesar de só poder ouvir quando ele está comigo. Nós dois às vezes ouvimos a BBC. Os governos americano e britânico dizem que virão ao Kuwait, e forçarão o exército iraquiano a se retirar daqui. Um enorme exército está se reunindo na Arábia Saudita, pois o rei Fah'd concordou que eles usassem o país como base para essa grande luta. A rádio diz que outros países se uniram aos exércitos ocidentais, até mesmo países do Oriente Médio que não concordam com as ações de Saddam.

"Pela primeira vez meu Capitão está realmente preocupado. Acha que haverá uma grande batalha, mas que o Iraque não conseguirá derrotar todos. Espera que Saddam ordene que eles se retirem do Kuwait. Se isso acontecer, você e eu estaremos livres desse pesadelo. Isso vai acabar, Lana, vai acabar."

Lana fez uma carinha doce, como um sorriso, e um brilho de afeição nos olhos.

– Ah, Yasmeena, espero que você viva. De verdade. Você tem sido uma santa para todas as garotas que estão aqui. Mas olhe para mim. Estou destruída. Como posso voltar assim para minha família?

Yasmeena ficou imobilizada. Não conseguia se mexer. Olhava sem falar, pois já havia sofrido as mesmas dúvidas e temores, e agora suas apreensões e ansiedades mais uma vez a assaltavam, só que ainda mais fortes. Yasmeena sabia que jamais revelaria a verdade para sua família, que fora raptada, mantida refém e estuprada. Apesar de seus pais a amarem, a felicidade deles seria destruída ao saberem que sua filha mais velha e mais bonita era um bem danificado. Seria impossível que Yasmeena se casasse. Haveria boatos sobre ela, e os boatos formariam um escândalo invisível envolvendo toda a família. Todos seriam afastados da boa sociedade.

Tais reações eram comuns no Oriente Médio. Qualquer garota estuprada seria culpada por seu estupro. Era responsabilidade da garota manter-se pura. Yasmeena seria culpada por voar para o Kuwait. Yasmeena seria culpada por abandonar seus amigos para ficar em uma casa kuwaitiana. Yasmeena seria culpada por ajudar os combatentes kuwaitianos, transportando panfletos. Yasmeena seria culpada por dirigir o carro. Yasmeena seria culpada por estar no bloqueio. Mas, acima de tudo, Yasmeena seria culpada por sobreviver.

Mesmo que permanecesse viva e voltasse para sua família e seu país, e mesmo se pudesse achar forças para suportar o fim de todas as boas coisas de sua vida, jamais poderia revelar que havia escolhido jogar um jogo mortal com seu estuprador, um jogo no qual fingia gostar dele e desfrutar de seus estupros. Se ela admitisse tal coisa, mesmo seu pai e sua mãe lhe dariam as costas. No mínimo, sua família e a sociedade esperavam que ela lutasse contra o estuprador todos os momentos, de todos os dias.

Por conta das ações que empreendeu para sobreviver, Yasmeena seria condenada para sempre. Jamais teria o respeito de ninguém, mesmo que enganasse o repulsivo Capitão e vivesse para contar a história do circo da prisão, a casa do estupro. Quando se tratava de estupro, a própria vida era considerada sem importância. A honra de uma mulher era a única coisa que realmente importava. A honra era a medida do respeito.

Na verdade, a família de Yasmeena esperaria que ela se comportasse como Lana, uma mulher que jamais cedeu.

Lana poderia ser espancada até a morte, ou executada por seu estuprador, mas mesmo morta ela conservaria algo talvez mais importante que a vida... Lana seria enterrada com sua honra intacta. Teria o respeito de sua família, comunidade e cultura, respeito por jamais ter cedido, respeito por haver escolhido a honra em vez da vida.

Comparando-se com a corajosa Lana, Yasmeena sentiu uma onda de culpa tão forte quanto um furacão. Certamente, era a mais baixa das criaturas, uma mulher baixa, que dizia palavras falsas ao seu estuprador, uma mulher que fingia ter prazer quando era fodida por um homem com quem não havia casado, uma mulher que faria de tudo para sobreviver, quando de fato sua família preferia sepultá-la do que aceitar seus abraços em um homem que não era seu marido.

Naquele instante, Yasmeena sentiu a desgraça de todos os momentos que havia suportado com seu Capitão. Pela primeira vez, soube que jamais poderia voltar para casa.

Capítulo 13

Tique-taque, tique-taque: da meia-noite à alvorada

Depois de aplicar os medicamentos em Lana e convencê-la a comer pedacinhos de frango enrolados no pão árabe, Yasmeena escondeu o resto da comida sob uma das três camisolas de luxo ainda dobradas, em uma caixa guardada no canto da cela. Lana havia mencionado que, por alguma razão, a besta nunca mexia em suas roupas, apesar de costumar remexer todas as coisas na cela, procurando algo que despertasse a raiva que permanentemente borbulhava em seu coração.

Yasmeena havia planejado uma longa e agradável conversa com Lana, para contar todos os detalhes excitantes que sabia da montagem da campanha militar na Arábia Saudita, o único evento que dava esperanças de que seus pesadelos terminariam um dia. Mas Lana estava quase imobilizada com a dor dos dedos esmagados. A pobrezinha mal conseguia seguir a conversa.

Em vez de incomodar Lana com a conversa, Yasmeena consolou a amiga com sua presença calma, dando tapinhas em seu ombro e massageando sua testa com os dedos, e se esforçando para pentear os cachos emaranhados dos longos cabelos de Lana com os dedos. Lana era abençoada com ondas de um belo cabelo negro que descia até sua cintura.

Lana havia confidenciado antes que sempre tivera orgulho do cabelo, tão abundante que a mãe e as irmãs gabavam-se de sua beleza, declarando que os cabelos da jovem eram a moldura perfeita para um rosto impecável. No início do aprisionamento, ela tentou manter o cabelo em uma trança grossa, mas depois de a besta usar seus cabelos como arma, parecendo ter prazer em jogá-la de um lado pelo outro da cela segurando-a pela trança, ela deixou de arrumá-los dessa maneira. Depois do dia em que a besta usou aqueles longos cabelos para estrangulá-la até que ela desmaiasse, o que Lana mais desejava era uma tesoura para poder cortar a tão elogiada cabeleira.

Mas não era permitido que qualquer das mulheres tivesse tesoura. Mesmo o Capitão de Yasmeena não permitiu que ela tivesse um instrumento afiado. Os que vitimizam, brutalizam e aterrorizam sempre temem revoltas.

De repente, Lana notou algo fora do comum na amiga. Yasmeena usava um relógio de ouro Rolex encrustado de diamantes, um dos vários objetos extravagantes que o Capitão havia achado na calçada das mais ilustres joalherias da Cidade do Kuwait. Os ladrões que o antecederam evidentemente haviam enchido demais duas bolsas com relógios e joias brilhantes, deixando cair os excessos enquanto fugiam. O Capitão por acaso estava passando por lá enquanto os ladrões fugiam e essas joias surgiram como tesouros jogados aos seus pés.

Ele recolheu o que pôde e não contou a ninguém além de Yasmeena, porque os soldados supostamente deveriam enviar tudo de valor de volta para os palácios de Saddam, de modo que o ditador e sua família pudessem guardar todas as riquezas do Kuwait. Como o Capitão tinha planos para tornar Yasmeena sua segunda esposa, escolheu presenteá-la com o menor dos relógios. Ele ficava pomposo, dizendo a Yasmeena que guardara dois dos relógios para a mãe e a esposa que estavam no Iraque. E ainda guardava outros dois para outras esposas, caso chegasse a ter uma terceira e uma quarta.

Com a riqueza saqueada do Kuwait aumentando suas posses financeiras, o Capitão sonhava alto. Trabalhava diligentemente no Kuwait para obter a atenção de seu superior, que agora dependia dele para muitas pequenas tarefas. E já contava com uma promoção. Considerava a possibilidade de os dias de pobreza terem chegado ao fim, e se ao menos o Iraque pudesse manter o Kuwait, ele tinha certeza de que seria promovido a uma posição de comando na 19ª província. Via a possibilidade de um dia se tornar um respeitado xeque em sua comunidade, construindo quatro vilas que seriam ocupadas por quatro esposas. E se gabava para Yasmeena:

– Finalmente terei a vida que mereço. Manterei minha primeira esposa por respeito, afinal é a mãe do meu primogênito. Mas ocuparei as outras três vilas com mulheres jovens e glamorosas.

Então passaria o resto de seus dias fodendo mulheres tão bonitas que seria alvo da inveja de seus amigos. Ele ria alto pensando na imagem, jogando a cabeça para trás e abrindo tanto a boca que Yasmeena podia ver toda a sua língua, até a goela, que parecia de um vermelho brilhante, como se iluminada por fogo. Certamente, ela pensou, o inferno estava no ventre daquele homem.

Yasmeena quase engasgou de raiva quando ele a presenteou com o relógio. Esses estupradores pensam que podem acalmar suas cativas com bugigangas, mas mesmo bugigangas caras não podiam comprar seu amor. O Capitão estava mais feliz do que nunca, enquanto revelava seus planos de ter um harém. A despeito da raiva, ela conseguiu vencer a luta para manter ativa e persuasiva sua representação. Soltava exclamações deliciadas, fazendo-o crer que o único sonho da sua vida era ser sua esposa e receber aquela coisa de todas as maneiras possíveis. A verdade é que, se tivesse oportunidade, cortaria seu apêndice e o pregaria em uma estaca para secar e encolher sob o sol forte. Ou talvez o fritasse em óleo quente. Havia um monte de possibilidades que ela gostaria de tentar para restaurar seu sentimento de justiça. Mas, por enquanto, lutava contra essas emoções e usava o relógio perfeito com um sorriso igualmente perfeito no rosto.

Yasmeena era uma garota alinhada com o senso comum, e disse a si mesma que ajustaria suas contas mais tarde, com o Capitão e com sua própria alma. Esse processo de enganar o Capitão custava a Yasmeena seu autorrespeito. Mas ela afastou tais pensamentos, considerando que o relógio poderia ser útil mais tarde. Talvez, se algo acontecesse ao Capitão, ela poderia trocar a joia cara por sua vida, e pela vida de Lana.

De repente, Lana notou o Rolex dourado e comentou:

– Mamãe tinha um relógio desse. Meu pai o deu de presente de aniversário de casamento ano passado.

A testa de Lana franziu-se enquanto pensava, mas Yasmeena enrubesceu de vergonha quando percebeu que a amiga tinha um coração tão bom que não perguntaria como aquele objeto caro estava em seu pulso.

Yasmeena colocou o braço para trás, sabendo que se um relógio daqueles fosse oferecido a Lana, ela o esmagaria e jogaria na cara do estuprador. No entanto, acalmou-se ao lembrar a si mesma que usava o relógio quando visitava Lana por uma razão prática: não podia ultrapassar a hora permitida.

Mas depois de Lana ter reparado no relógio, a visita perdeu-se, porque ela não conseguia pensar em nada mais do que no tempo, perguntando repetidamente pelas horas antes que a besta aparecesse de volta da viagem. Será que Yasmeena achava que ele voltaria a tempo para o estupro matinal? A vida de Lana agora era governada pelos três estupros diários. Com certeza, fosse qual fosse o horário de regresso da besta, seria sempre cedo demais.

A visita programada de Yasmeena a Lana passou mais rapidamente do que ela gostaria. Queria ficar para sempre com sua amiga, protegê-la da besta. Mas o relógio contava a triste história, que chegara a hora de Lana ficar sozinha para enfrentar seus temores sobre o que lhe aguardava, fosse pela manhã ou à tarde. Yasmeena não podia fazer nada para evitar que Lana fosse estuprada e torturada. Só podia visitá-la uma vez ao dia e fazer o melhor possível para confortá-la um pouco.

Preocupada com o declínio físico de Lana, uma relutante Yasmeena abraçou a amiga despedindo-se por aquele dia e dizendo que voltaria na tarde seguinte.

As duas mulheres entreolharam-se silenciosamente, nenhuma querendo quebrar a conexão espiritual entre elas. Nenhuma delas podia pronunciar o impronunciável, mas Yasmeena sussurrou o impensável, palavras que ela jamais pensara dizer:

– Lana, você acha que conseguiria deixar que ele faça o que quiser sem lutar? Simplesmente se conformar? Pode fingir? Será que isso é possível?

O olhar de Lana fixou-se em Yasmeena com uma expressão compreensiva, e naquele instante ficou claro que ela entendera completamente a conspiração de Yasmeena para passar a perna no seu Capitão. Mas não havia nem um traço de reprovação nela, pois era um espírito generoso e não pensava o pior da amiga por conta da sua manobra. Então, disse, com uma suavidade que tocou o coração de Yasmeena:

– Não. Não consigo. É impossível. Lutarei contra ele até ficar livre, ou até ele me matar. – Lana deu um sorriso fraco, – Mas alguém deve viver, Yasmeena. Alguém precisa contar o que aconteceu aqui. Qualquer dia desses me darão um tiro. Qualquer dia desses jogarão meu corpo em uma cova sem marca. É o meu destino. Meus pais não devem desperdiçar suas vidas me procurando. Vão precisar de um tempo de luto, e depois continuarão vivendo pelos outros filhos. Fico aliviada por você continuar vivendo.

Yasmeena assentiu, desconcertada demais para falar alguma coisa. No fundo do coração sabia que Lana merecia viver uma vida plena, mas que não teria isso.

– Escute, Yasmeena, sua sobrevivência ajudará minha família. Tente achar um papel e algo com o qual possa escrever. Quando estiver chegando a hora da batalha, tenho que lhe passar informação. Você precisa saber meu sobrenome e meu endereço. Até agora, não contei isso para ninguém, com medo que a besta vá atrás da minha mãe e de minhas irmãs. Mas, depois que isso terminar, quero que você entre em contato com eles. Eles precisam saber que estou morta. Você deve dizer a eles que minha honra foi roubada, mas que jamais parei de lutar, e que escolhi morrer em vez de viver. Eles compreenderão.

Depois de um abraço sincero, uma envergonhada Yasmeena saiu tropeçando da cela de Lana, voltando para a sua própria, sentindo-se a mulher mais detestável do mundo. Naquele instante, ela se colocaria diante das balas destinadas a Lana, pois havia se convencido de que Lana merecia viver, e ela, não.

* * *

A partir daquela noite, Yasmeena concentrou-se totalmente em ajudar Lana. O que mais queria era salvar a vida da amiga, mas, se falhasse, e a besta assassinasse Lana, Yasmeena deveria fazer a vontade da jovem. Tinha que convencer seu Capitão a lhe dar papel e uma caneta. Acreditava que conseguiria isso, pois a cada dia seu disfarce tornava-se mais consistente. O Capitão era como uma criança mimada, fácil de manipular enquanto estivesse conseguindo exatamente o que queria.

Yasmeena já conhecia bem o sujeito, e sua absoluta certeza de que era um homem sem igual, um homem bonito e atraente para quem todas as vítimas de estupro perderiam o coração, seria absurdo em qualquer outra circunstância. A verdade é que o Capitão não era bonito, nem encantador, nem gentil. Era comum, no mais monótono sentido da palavra. Deus havia lhe dado um rosto sem expressão, e o corpo não era, em nada, melhor que o rosto; era alto e magricela, com uma barriga redonda; completamente insignificante quanto à aparência. Embora não fosse fisicamente nojento como o estuprador de Lana, era um chato, o tipo de homem que aborreceria a noiva antes de terminar a lua de mel. Apesar de aparentemente ter alguma inteligência, no que se referia a assuntos militares e na liderança de seus soldados, em todos os demais sentidos era um homem que exalava a mais tediosa banalidade.

Se o Capitão fosse um passageiro de avião na seção servida por Yasmeena, a lembrança de seu rosto já teria se perdido antes de o carrinho passar por sua fileira.

Ela estava ansiosa. Certamente, era suficientemente esperta para conseguir papel e uma caneta daquele homem. Antes de o Capitão chegar para o jantar e uma estuprada, Yasmeena já havia traçado seu plano.

Naquela noite ele a surpreendeu quando irrompeu pela porta da cela como um estuprador insaciável. Surpreendida, Yasmeena precisou trabalhar diligentemente para manter a farsa. Sem perder um instante para perguntar como tinha sido seu dia, ou lhe contar como fora o seu, o Capitão ordenou:

– Dispa-se! Rápido! Estou desconfortável. – Esfregou a mão sobre o pênis. – Rápido! Tenho que fazer logo isso ou posso ficar doente!

Yasmeena reprimiu seu desgosto, despindo-se rapidamente. Antes que pudesse tirar a calcinha, o Capitão estava nu em cima dela. Ele rasgou a calcinha em três pedaços quando a arrancava de seu corpo. Ainda assim, ela fingiu prazer enquanto ele a estuprava de frente, e depois por trás. Mas ele ainda não havia chegado ao orgasmo, de modo que mais uma vez a penetrou, bombeando, e então parou, dizendo a ela que tinha que meter naquele lugar especial atrás. Ele andava pensando sobre quando havia feito isso, e como ela era apertadinha ali.

O corpo inteiro de Yasmeena tremeu. Ela jamais poderia esquecer a dor que sentira naquela única vez que ele a submetera a esse tipo de estupro, mas antes que pudesse dizer qualquer coisa para lembrar a ele que esperava estar a salvo daquele sexo dolorido, ele a fez virar de bruços. O Capitão levantou e ela o ouviu remexendo sua bolsa de cosméticos. Voltou com um pote de seu creme facial. Ela estava deitada, indefesa, enquanto ele enfiou os dedos no creme e pincelou aquele lugar privado. Parecia ter prazer em vê-la contorcendo-se, porque ela odiava ter aqueles dedos sujos dentro dela e porque o creme queimava suas membranas delicadas como se fosse uma chama.

– Isso vai ajudar, doçura – disse ele em um tom adocicado que jamais havia usado antes. – Vai evitar que meu membro enorme machuque você.

Então ele agarrou o pequeno corpo de Yasmeena e a puxou para cima pelas cadeiras, e antes que ela pudesse implorar para que não a machucasse, ele estava dentro, enfiando o mais fundo que podia.

A dor do sexo anal era tão forte quanto ela se lembrava. Yasmeena enfiou o punho na boca para abafar o grito, porque sabia que o Capitão se vangloriava do fato de ela gostar de seus abraços e de seu toque, e ficaria furioso se seus homens a ouvissem implorando para que parasse.

Ele gozou rapidamente, mas ela podia sentir seu sangue morno misturando-se ao sêmen dele escorrendo pela parte de trás de suas pernas e coxas.

Depois ele a abraçou por trás e sussurrou:

– Viu? É melhor do que você lembrava. É bom fazermos isso todos os dias para eu alargar você. Você vai acabar adorando.

O Capitão estava de tão bom humor que ficou mais tempo que o usual, calmamente confidenciando a Yasmeena tudo que havia escutado sobre os exércitos aliados se reunindo na Arábia Saudita. Parecia que os inimigos temiam o exército de Saddam, pois reuniam uma enorme força militar. Com um estranho sorriso no rosto, contou que o exército iraquiano também se preparava para uma guerra de grandes proporções. Não tinham escolha. Saddam não desistiria, e aquele acabaria sendo um combate mortal.

Yasmeena tremeu de medo. A última coisa que queria era estar trancada em uma prisão enquanto as bombas caíam.

Incêndio nos poços de petróleo do Kuwait,
provocado por homens de Saddam sob ordens do próprio ditador.

A autora Jean Sasson segurando um bebê kuwaitiano
durante o período de ocupação do país.

Covas abertas espalhadas por todo o Kuwait estavam à espera dos inúmeros corpos de pessoas assassinadas por homens do exército de Saddam. Algumas das escravas sexuais companheiras de prisão de Yasmeena foram enterradas nesses lugares bastante solitários, nunca tendo sido encontradas por seus familiares desesperados.

O exército iraquiano tentou destruir toda a Cidade do Kuwait. Esta imagem é um exemplo dos danos que podiam ser vistos por toda parte.

Esta mulher kuwaitiana e seu filho esperavam ansiosamente no local onde os prisioneiros estavam para chegar.

Um radiante pai com seu recém-libertado filho, preso no Iraque durante toda a guerra. Momentos felizes!

Imagem de Saddam desfigurada por kuwaitianos. Ele era extremamente odiado pela população do Kuwait por ter invadido o país e matado seus cidadãos.

Gerente de banco kuwaitiano que foi torturado — tendo seus dedos cortados — por soldados de Saddam até finalmente ter que abrir o cofre do local onde trabalhava.

Jean Sasson no deserto fora da Cidade do Kuwait,
logo após a guerra ter terminado e o Iraque ter sido derrotado.

Família kuwaitiana feliz e reunida após sete meses
de separação devido à guerra.

Jean Sasson na Cidade do Kuwait com crianças deficientes que sobreviveram à guerra durante a ocupação do país pelos iraquianos.

Homem kuwaitiano feliz, que sobreviveu à guerra, lendo o livro *The Rape of Kuwait*, relato de Jean Sasson sobre os kuwaitianos sobreviventes que vendeu um milhão de exemplares em menos de um mês.

Dois médicos em um hospital do Kuwait descrevendo à autora as terríveis atrocidades cometidas pelos soldados iraquianos que ocuparam o país.

Kuwaitianos combatentes pela liberdade comemorando a libertação de seu pequeno país. Eles ficaram bastante emocionados com a visita do presidente norte-americano Bush, bem como com o livro escrito por Jean Sasson a respeito da invasão.

Visita de Jean Sasson à "Rodovia da Morte", onde tantos soldados iraquianos morreram, bem como muitos de seus prisioneiros kuwaitianos.

Jean Sasson deixando o Kuwait, que fora devastado pela guerra — ela pegou carona com uma tripulação britânica que deixava o país no dia em que o aeroporto foi fechado devido a um terrível incêndio nos poços de petróleo.

Já havia escutado muitas coisas sobre esse tipo de violência aterrorizante, de amigos que haviam ficado presos em apartamentos em Beirute durante o ataque israelense ao Líbano, em 1982.

Quando o Capitão percebeu a expressão preocupada de Yasmeena, deu umas palmadinhas em seu ombro e disse:

– Não se preocupe, doçura. Não deixarei que nada aconteça com você. Pensarei em algo.

O Capitão estava tão amistoso com Yasmeena que quando ela mencionou que gostaria de passar suas horas solitárias desenhando, talvez desenhando seu belo rosto, mas que precisava de papel de desenho e alguns lápis coloridos, ele abriu um sorriso, idiota que era.

– Você vai ganhar isso, minha pequena patinha, minha esposinha.

Yasmeena fez o que ele quis quando se inclinou e sussurrou que desejava tê-la novamente. Pagou um pesado preço por tê-lo feito concordar com os suprimentos artísticos, pois ele se excitou novamente e insistiu em uma repetição precisa do estupro anterior.

Quando o Capitão finalmente a deixou a sós na cela, Yasmeena desabou no colchão e chorou, sentindo pela primeira vez na semana que ela, também, pereceria, junto com Lana. Seu corpo pequeno não resistiria a esses ataques brutais diariamente. Por quanto tempo ela poderia fingir prazer ao ser estuprada de modo tão brutal e doloroso?

Com a tristeza pairando como aquelas pesadas nuvens negras que muitas vezes circulam sobre as montanhas do Líbano, mergulhando um dia ensolarado na escuridão, Yasmeena fechou os olhos apertados, entregando-se à visão que a assombrava quando estava muito triste. Sentou-se em silêncio, refletindo sobre o terror insistente de uma morte violenta e a dor que, ela sabia, perfuraria seu corpo quando chegasse o dia em que fosse amarrada na estaca, diante de homens insensíveis portando armas poderosas. Decidiu que não fecharia os olhos naquele momento, mas olharia para as mortais balas de metal que seriam cuspidas das armas letais para entrar em seu pequeno corpo e acabar com sua vida.

A imagem era quase insuportável. Ela não queria morrer. Queria viver. Yasmeena tremeu e chorou, mas lutou para recuperar sua força mental. Lembrou a si mesma que era uma mulher forte e que *não podia permitir* que o Capitão, um homem que não era nada mais que um estuprador criminoso, acabasse com sua vida.

Yasmeena segurou a cabeça com as mãos e, balançando-se com determinação, disse a si mesma que iria viver!

Ela queria viver! Ela precisava viver!

Capítulo 14

Até Basra!

Guerra no golfo:

O poderio aéreo aliado continuou a bombardear posições das tropas iraquianas enquanto a artilharia e os disparos de tanques ecoavam através da fronteira do Kuwait, mas não havia sinais de mais movimentos iraquianos contra a Arábia Saudita.

- *The New York Times*
2 de fevereiro de 1991

Guerra no golfo:

Caças-bombardeiros aliados atacaram hoje posições das tropas inimigas em todos os rincões do Kuwait, voando um número recorde de missões sobre o emirado, a despeito de nuvens de fumaça negra dos incêndios dos poços de petróleo, aparentemente iniciados pelo Iraque, que cobrem um quarto da nação.

- *The New York Times*
2 de fevereiro de 1991

Rádio Bagdá & TV Al Shabbab (propriedade de Uday Hussein)

"As tropas iraquianas começam a colher os pescoços dos agressores infiéis, corruptos e impudentes, na épica mãe de todas as batalhas."

– Presidente Saddam Hussein
25 de fevereiro de 1991

Al Thawra (revolução) em Bagdá

Os leitores iraquianos divertiram-se com várias charges publicadas hoje nos jornais iraquianos.

Uma charge mostrava soldados americanos em caixões, com os caixões estampados com a palavra "Exportação".

Outra charge mostrava um soldado americano marchando contra o Iraque como esqueleto.

– *Jornal Al Thawra*
25 de fevereiro de 1991

* * *

17 de janeiro de 1991

Yasmeena estava confusa. O dia já terminara? A noite já havia chegado? Da sua cela ela não conseguia ver luz lá fora. Apenas as idas e vindas do Capitão marcavam o tempo. Ele lhe disse que era o dia 17 de janeiro, e que os exércitos aliados haviam começado os ataques aéreos. O Capitão tinha que sair e se apresentar a seu superior, mas regressaria. Pouco depois de ele sair de sua cela, Yasmeena escutou o ruído distante, retumbante, ribombante, ameaçador e ensurdecedor das bombas.

Com o coração disparado, ela escutava. A guerra finalmente havia começado. A esperança e a promessa de salvação sobrepunham-se ao medo. Apesar de temer sobreviver a seu estuprador só para morrer sob as bombas aliadas, sabia que seria necessária uma grande guerra para convencer o ditador do Iraque a tirar suas garras do Kuwait. Ela teria que suportar o terror e usar sua engenhosidade para sobreviver.

Seu temor foi cedendo aos poucos quando percebeu que a Cidade do Kuwait havia sido praticamente poupada. Respirou um pouco mais facilmente, agradecida por seus futuros libertadores estarem cuidando de não bombardear áreas que sabiam ser povoada por civis.

Mas havia outra preocupação, e muito mais séria. Yasmeena acreditava que antes de serem expulsos da cidade, os estupradores executariam as prisioneiras.

* * *

4 de fevereiro de 1991

Tudo vinha das nuvens enquanto as bombas continuavam a cair a distância, dia após dia. Não havia sinal de um exército invasor. Enquanto as vítimas dos estupros ficavam aterrorizadas a ponto de chegar às lágrimas, os estupradores ainda fanfarronavam, alardeando para as garotas que elas logo veriam algo inesperado: soldados americanos e britânicos ocupando algumas celas. Estavam certos de que destruiriam o inimigo e terminariam com muitos prisioneiros. E também tinham planos especiais para esses soldados, que incluíam os terríveis banhos de ácido, tipo favorito de tortura, aperfeiçoada contra os combatentes pela libertação do Kuwait. Os banhos de ácido sempre aterrorizavam os homens mais corajosos.

Era um método simples de matar um homem. Enchiam um barril com ácido e suspendiam o inimigo, despido, sobre a poção mortal. Às vezes, estendiam a tortura, deixando o inimigo pendurado, pensando sobre quão dolorosa seria sua morte. E a morte não chegava com um simples mergulho no ácido. Não. Eles abaixavam lentamente a vítima, deixando o ácido agir nos pés, depois nas pernas e, finalmente, no torso. Geralmente a vítima não parava de gritar até sua cabeça mergulhar no ácido. Assistir à carne humana queimando até os ossos era uma visão chocante.

Às vezes, tentavam se divertir ainda mais, e jogavam, primeiro, algum dos cães ou gatos de estimação dos kuwaitianos no ácido. Os ganidos dos cães e os guinchos dos gatos às vezes faziam a vítima, que assistia a tudo, perder o controle dos intestinos. Mas a merda caía no barril, de modo que os espectadores não se preocupavam em ser cobertos pelos dejetos dos kuwaitianos.

Sim, eles se gabavam que ensinariam os inimigos a não subestimar Saddam Hussein.

Ouvir essas ameaças explícitas fez Yasmeena perceber que o estupro não era a pior coisa que podia acontecer com ela. De fato, não sabia se devia se preocupar ou ficar animada. Seu maior sonho era ver o Capitão e o último dos soldados iraquianos pelas costas. Esse pensamento provocava um sorriso. Mas não queria ser executada quando os iraquianos se retirassem. Essa possibilidade produzia uma careta de dor.

Seu Capitão também estava preocupado. Ele tinha mais percepção militar do que seus homens, e confidenciou a Yasmeena que o exército de Saddam não era páreo para o que se aproximava pelo deserto. Tinha acesso a informações não disponíveis para os soldados comuns. Sabia que os inimigos haviam reunido um exército enorme e dispunham da mais avançada tecnologia. Pretendiam ganhar essa guerra. A jogada de Saddam havia fracassado. Praticamente o mundo inteiro havia se unido para pressioná-lo através das Nações Unidas. Os iraquianos abandonariam o Kuwait, disso o Capitão tinha certeza. Mas também sabia que Saddam atrasaria a retirada até o último momento, porque sempre esperava que algum milagre o salvasse quando errava seus cálculos.

A essa altura, o Capitão já não se importava mais nem com Saddam nem com ninguém. Pela primeira vez, criticou o ditador iraquiano, abaixando a voz para dizer:

– Saddam e sua tribo ficam sentados em Bagdá consumindo a riqueza do petróleo como se essa viesse do mijo deles, sem admitir que o petróleo iraquiano se formava na terra sob os pés de todos os iraquianos.

Mas logo parecia se arrepender dessas palavras. Prendia a respiração e apertava os lábios, sabendo que os iraquianos que expressassem qualquer outra coisa que não fosse total devoção e adoração por Saddam, colocavam em perigo toda a sua família. Desde sua juventude, ele prestava homenagem a Saddam Hussein.

– A questão não é Saddam – murmurou.

Seu único objetivo era sobreviver. Ele também salvaria Yasmeena, prometeu.

* * *

25 de fevereiro de 1991

Depois de mais de um mês de bombardeio constante ao redor do perímetro da Cidade do Kuwait, o fim parecia próximo. O que faltava bombardear? O Kuwait era um país pequeno. Logo os tanques e soldados aliados chegariam, Yasmeena tinha certeza. Naquele dia, mais cedo, seu Capitão havia lhe dito que ele e seus homens esperavam ordens de Bagdá sobre o que deveriam fazer.

Yasmeena queria estar fisicamente forte no momento da libertação, de modo que comia mais que o normal e tirava sonecas regulares. Por volta das 3 horas da tarde do dia 25 de fevereiro, ela dormia. Mas o sono não era repousante. Ela se mexia e revirava antes de voltar a um sono perturbado.

Seus pesadelos eram terríveis e tão convincentes que tinha certeza de que os sonhos eram reais. No pesadelo ela estava imprensada em um túnel de sonhos sombrios, um corredor atrás do outro, como um filme rodando muitas cenas perturbadoras sem parar. Yasmeena testemunhou a morte brutal de seus pais, o olhar deles saltado com incredulidade enquanto olhavam da filha para o Capitão, que apontava uma arma enorme para o torso deles. Ela testemunhava tudo sem fôlego, a boca aberta em um grito silencioso enquanto o dedo do Capitão apertava o gatilho e seus pais desabavam no chão, em uma insuportável câmera lenta. Então, ela vislumbrou o corpo nu de Lana sendo retirado da cela. Pronto! O maior medo de Lana havia se cumprido. Ela não sobreviveu ao circo da prisão. A imagem mais alarmante foi ver o Capitão chegando em sua cela para se gabar que havia terminado um engenhoso curso de leitura de mentes. Bastava que ele olhasse para ela para saber quais eram seus pensamentos mais profundos. E assim, com esse novo poder, ele logo detectou as mentiras de Yasmeena. Subitamente soube que a mulher em quem confiou e que paparicou, a mulher que havia aceitado ansiosamente seus abraços, não o amava. Ficou enraivecido ao saber que ela o abominava, que havia passado horas planejando seu desmembramento e assassinato.

Com uma fúria contida, o Capitão preparou um julgamento. Os juízes eram os guardas estupradores. Ele assegurou que sua punição não seria a morte, e o veredito foi anunciado: ela seria entregue ao estuprador de Lana para que ele fizesse o que quisesse.

Enquanto a besta maliciosa se aproximava para se apossar dela, uma série de barulhos fez com que Yasmeena acordasse do pesadelo. Que barulheira era aquela? Por um pequeno e adorável momento acreditou que estava em um hotel chique de Beirute, de frente ao mediterrâneo, celebrando o ano-novo com a família e com os amigos. Mas quando sua mente saiu daquele estado confuso, seu coração disparou. Aqueles estalos não eram fogos de artifício, eram disparos! Será que escutava a execução de uma das vítimas da prisão? Se assim fosse, qual das garotas estava sendo assassinada? Lana! Seria Lana? Será que a besta finalmente havia assassinado a doce garota?

Antes que Yasmeena pudesse se mexer, toda a prisão foi envolvida por um enorme caos. Pisadas duras podiam ser ouvidas por todos os cantos. Guardas gritando pareciam correr em uma direção e voltar na outra. Os gritos e pedidos de clemência das mulheres irromperam subitamente, o edifício rapidamente se enchendo de gritos e choros tão altos que Yasmeena podia vislumbrar a imagem do teto sendo explodido.

O que estava acontecendo?

Ela esqueceu as dores e os machucados dos estupros da noite anterior e se apoiou nas mãos para ficar de pé. Enfiou pela cabeça o primeiro vestido que seus dedos tocaram e deslizou os pés na sandália. Algo importante acontecia.

Ligou o piloto automático, pegou uma bolsa e foi jogando dentro algumas garrafas de água, alguns pedaços de pão árabe e vários pacotes de guloseimas.

O senso de perigo, apesar de amortecido, jamais a abandonara. Seria este o dia de sua morte? Seria seu pesadelo uma premonição, uma preparação para o que viria? Seria um ataque supresa dos americanos, britânicos, sauditas, sírios e todos os exércitos que haviam se reunido na Arábia Saudita? Um ataque militar assim desencadearia um massacre na prisão?

Ela jamais esqueceu o aviso funesto do Capitão em seus primeiros dias de aprisionamento. Ele disse que se as forças iraquianas no Kuwait fossem atacadas, eles tinham ordens de não deixar testemunhas de nenhum crime. Certamente, nenhuma das vítimas de estupro seria deixada viva para testemunhar contra eles. Sem testemunhas vivas, os soldados podiam negar seu horrível vício de agarrar mulheres virgens para se divertir, estuprando-as. Mais tarde, o Capitão assegurou-lhe que ela não seria machucada, mas que todas as outras mulheres seriam executadas.

Yasmeena procurou ouvir cuidadosamente ruídos distantes de disparos. Não ouviu nada. Certamente, um exército invadindo a Cidade do Kuwait criaria enorme comoção e barulho. Ainda assim, não havia dúvida de que os guardas da prisão se preparavam para algo *grande*.

Ela reuniu forças para o momento que finalmente havia chegado. Sabia mais que a maioria das pessoas presas na armadilha do Kuwait apenas porque seu Capitão havia lhe contado alguns dos planos militares iraquianos. Depois de ouvir os relatórios, ele sentava-se calmamente, dizendo a ela que não o interrompesse, que ele precisava pensar no melhor plano para a sobrevivência deles. O Capitão sabia que mudanças estavam por vir, e que talvez o Iraque não fosse capaz de manter Kadima, sua 19ª província. Talvez fosse necessário redesenhar os mapas para os estudantes iraquianos, de modo que o Kuwait voltasse a existir.

Yasmeena rezou para que ele estivesse certo, que o mundo estivesse vindo para salvar os aprisionados e os que morriam no Kuwait. Com aquela confusão na prisão, ela acreditou que suas preces haviam sido atendidas.

Yasmeena espiou por trás de sua preciosa cortina e viu os guardas armados passarem correndo. Ouviu o tilintar das chaves das celas e portas batendo. Olhou o relógio ainda colocado sobre a mesinha no corredor. Eram 5 horas da tarde, horário em que a maior parte do circo da prisão fazia uma das refeições, mas ninguém estava envolvido nisso agora.

Dois dos guardas mais velhos passaram por sua cela. Cada um portava uma enorme pistola em uma das mãos e com a outra puxavam suas mulheres pelos cabelos compridos. Ambas as garotas que estavam sendo arrastadas eram jovens kuwaitianas recentemente apreendidas. As pobres moças esforçavam-se para firmar seus calcanhares descalços no chão de concreto, tentando impedir o inevitável. Os estupradores as arrastavam para fora da prisão. Era óbvio que ambas haviam sido avisadas de que seriam executadas. Imploravam por suas vidas. Apesar de Yasmeena estar horrorizada pelo destino delas, ficou aliviada por não ver Lana entre as duas. Sua garganta apertava enquanto pensava no que podia acontecer naquele dia com a garota mais doce que conhecera.

Quando um dos guardas olhou de relance e viu que Yasmeena testemunhava a atividade, lançou um olhar malicioso em sua direção. Yasmeena tremeu de medo, a cortina deslizando pelos seus dedos antes que ela pudesse sair do campo de visão dele. Temerosa de que o homem com olhar cruel decidisse ele mesmo executá-la também, escondeu-se o melhor que pôde por trás da cortina de plástico que ocultava sua área de toalete.

Pela primeira vez desde que havia sido raptada e aprisionada, Yasmeena ansiava por ver o Capitão. Seu coração lhe dizia que, enquanto homens dele poderiam executá-la juntamente com as demais mulheres da prisão, ele não faria isso.

Yasmeena sabia que a antiga vida medíocre do Capitão já não o seduzia. Novas esperanças e outros sonhos culminavam no fato de ele ter quatro mulheres. Yasmeena também sabia que ela era o rosto e o coração desse sonho. O Capitão havia se vangloriado de que escoltaria a desejável Yasmeena de volta para sua aldeia para exibir sua beleza. Ela sabia que ele precisava se vangloriar dizendo que aquela mulher desejava sempre mais dele. Com uma jovem e bela esposa e o dinheiro roubado do Kuwait, o insignificante militar finalmente alcançaria a proeminência de que se achava merecedor. Seria um importante xeque em sua aldeia, um homem influente e de futuro promissor. E então seria o momento de caminhar entre os grandes homens do Iraque, e todos os que antes haviam zombado dele agora o olhariam com respeito e inveja.

O Kuwait lhe proporcionara uma oportunidade. Nunca mais ele teria a oportunidade de alcançar a esplêndida vida de um rico xeque. Ele *não podia*, e *não permitiria* que esse sonho escapasse de suas mãos.

Yasmeena saiu desses devaneios profundos quando escutou o temido e familiar barulho. A porta de sua cela foi aberta com clara urgência. Com medo, ela prendeu a respiração até escutar o Capitão dizer seu nome. Suas pernas estavam tão fracas que ela mal conseguia se movimentar. Saiu coxeando como uma antiga senhora chinesa que passara a vida sentada em uma cadeira de seda porque seus pés haviam sido amarrados tão fortemente que os cotocos não eram maiores que um botão de flor. Ela se arrastou, trôpega, na direção do Capitão.

Ele ficou notoriamente encantado com sua expressão de medo e dependência total. Mesmo no meio da crise, conseguiu sorrir.

– Por que estava escondida, Yasmeena?

– Estou com medo – admitiu ela, com voz tão suave que ele mal conseguia ouvi-la. – Seus homens enlouqueceram. Na última hora ficaram correndo em círculos. – E tremeu. – Alguns executaram suas mulheres. O que está acontecendo?

Ele colocou as pequenas mãos dela dentro das suas, enormes, e a puxou para baixo.

– Sente – ordenou.

Ela sentou, agradecida por desabar no colchão.

– Está acontecendo o que eu havia previsto. Tenho uma boa fonte me dizendo que Bagdá logo dará ordens para que abandonemos o Kuwait.

A garganta dela estava tão seca que sua resposta não passou de um coaxar rouco.

– Ah?

Ele não perdeu tempo.

– Estou esperando a ordem. Quando chegar, terei que partir. – Fez uma pausa, soltando-a para acariciá-la com as mãos, um homem obcecado pelo corpo dela, mesmo na urgência das atuais circunstâncias. – Não posso levar você comigo.

Aquelas palavras a deixaram feliz como uma criança ao ser informada de que todos os presentes que desejava iriam aparecer em um passe de mágica. Yasmeena lutou para conter a risada. Isso foi antes de ela lembrar-se do aviso dado por ele algum tempo atrás, de que não seriam deixadas testemunhas para contar o que aconteceu no circo da prisão. Então, ela mentiu, mais uma vez, apesar de sua história parecer tosca e inacreditável.

– Ah, por favor, você tem que levar, tem que me levar consigo. Meu Capitão, você sabe que não posso viver sem você.

Ele sorriu com prazer, aceitando as palavras como verdadeiras, agindo de maneira quase humana pela primeira vez desde que a conheceu, um homem apaixonado e comovido pelos sentimentos da mulher.

– Sei que você me ama. Sei que não consegue viver sem mim. Por isso, tenho um plano – disse o Capitão.

Ele soltou as mãos de Yasmeena e enfiou as próprias mãos no bolso da calça.

– Tome, pegue isto. – E entregou nas mãos dela um maço de dólares presos com uma liga de borracha. – E isto. – Segurou um pedaço de papel amassado escrito nos dois lados. – Aqui estão os meus dados. Tem meu nome completo e o nome do meu bom amigo Abdullah, em Basra. Aqui estão as indicações sobre como achar a casa dele. Logo que tudo isso terminar, saia do Kuwait, vá até Basra e entre em contato com meu amigo. Pode confiar nele. Ele me achará. Nós nos casaremos em Basra e a levarei para casa, para apresenta-la à minha família.

Como um tsunami que varre tudo o que havia antes, as preocupações se esvaneceram enquanto o alívio inundava todo o ser de Yasmeena, do cérebro até suas pernas bamboleantes.

Ela iria viver!

Ela iria viver!

Ela iria viver!

Procurou dar ao rosto a melhor expressão que podia, tentando se apresentar como uma mulher perdidamente apaixonada.

– Eu irei. No primeiro momento possível, irei até você.

Ele se inclinou e a beijou. E sussurrou:

– Você é minha mulher. Será minha esposa favorita. – E abriu um sorriso. – Teremos relações todos os dias, como uma lua de mel. Não vamos parar nunca. Venha até mim, no minuto em que isso acabar.

– Sim. Sim. Eu irei.

Sendo tomado pela luxúria da beleza de Yasmeena, ele começou a remover o cinto.

– Tire suas roupas – ordenou. – Precisamos fazer isso mais uma vez antes de eu levá-la.

Yasmeena gelou, sua mente já estava perfeitamente arrumada em um futuro no qual jamais teria novamente que submeter seu corpo àquele homem.

– Tem certeza? Você tem tempo? – gaguejou ela.

– *Capitão!* – A voz agitada de um dos soldados iraquianos veio do escritório. – *Capitão?*

O Capitão de Yasmeena olhou para ela com pena e dor.

– Você tem razão. Não há tempo. Pegue algumas coisas. Você precisa ir.

Yasmeena agarrou a bolsa, jogou dentro os dólares e a nota com as indicações para achar o Capitão em Basra. Nesse momento, conseguiu coragem para perguntar:

– E Lana? E as outras mulheres?

– Não são assunto seu, doçura.

– Por favor – ela implorou, desesperadamente. – Deixe que elas saiam comigo. Por favor.

Da testa ao queixo, como se uma máscara estivesse tomando conta do seu rosto, foi reaparecendo, pouco a pouco, a face inflexível e cruel do seu Capitão. Mais uma vez, nada podia tocar o coração dele, endurecido como pedra. Ele estava aborrecido e ela sabia disso.

– Cale a boca. Precisamos levá-la para um lugar seguro enquanto há tempo.

Desesperada para salvar sua amiga kuwaitiana, Yasmeena assumiu um grande risco, pois sabia que podia acabar sofrendo com a ira do seu Capitão.

– Lana? Pelo menos Lana? Por favor, eu imploro.

O Capitão não se comoveu com a ansiedade de Yasmeena por sua amiga.

– Ela não é problema seu. Não me peça novamente. Você tem que ir. Agora.

Lágrimas saíram dos olhos de Yasmeena, mas o Capitão nem notou. Agarrou-a firmemente pelo antebraço.

– Vamos – disse ele.

Yasmeena estava cega pelas lágrimas repentinas. Sabia que se o destino de Lana fosse deixado nas mãos da besta, a jovem seria torturada até o último momento de seu cativeiro antes de ser assassinada. Mas Yasmeena não tinha escolha. Saiu tropeçando ao lado do Capitão.

No corredor passaram por vários dos estupradores da prisão, homens agora tensos com o nervosismo. Um dos guardas mais velhos parou diante deles.

– Farei isso pelo senhor, meu Capitão.

Foi então que Yasmeena percebeu que os homens acreditavam que ela estava sendo levada para ser morta. Seu coração disparou de medo. Seria aquilo tudo uma mentira? Será que o Capitão havia mentido sobre o futuro deles para mantê-la calma? Atiraria nela? Ela choramingou e começou a se debater e o Capitão a segurou com mais força.

– Silêncio! – ordenou o guarda.

– Eu cuido dela – respondeu abruptamente o Capitão. – Vá resolver seus próprios problemas. Logo estarei de volta. Esvaziem a prisão agora – disse, com uma ênfase peculiar, e Yasmeena entendeu que as mulheres, provavelmente, seriam mortas.

Os homens não disseram mais nada, mas quando Yasmeena olhou para o rosto deles, pensou que pareciam bem contentes por ver o que supunham ser o fim daquela pequena libanesa que havia roubado o coração do Capitão deles.

Tudo aconteceu muito rápido a partir daquele instante. O Capitão sacou sua pistola, aumentando o medo dela. Como se alertados de que a violência tomaria conta da prisão, os estupradores se espalharam, correndo pela prisão e abrindo as portas das celas. As vozes das mulheres que não podiam ser vistas começaram a chorar e implorar por suas vidas.

Yasmeena tentou, mas não conseguiu ouvir a voz de Lana, nem viu a besta. Ela esperava, fervorosamente, que uma das bombas americanas tivesse caído na cabeça dele, fazendo-o desaparecer em um rolo de fumaça negra. Se ele estivesse morto, talvez Lana vivesse.

Uma vez do lado de fora, o Capitão arrastou Yasmeena para o fundo do edifício.

Na pressa, todo o seu fôlego a abandonou. As palavras de segurança dele eram mentiras. *Ele iria matá-la!*

Mas então o Capitão olhou rapidamente para trás para ver se algum dos homens o seguira. Mudou de direção, movendo-se mais rápido do que seus pés conseguiam acompanhar enquanto corria na direção de um veículo militar, arrastando-a, empurrando-a até que a jogou dentro dele, sem cerimônia.

– Abaixe-se – mandou.

A escuridão aproximava-se, mas Yasmeena sabia que sua libertação estava próxima. Talvez o amanhecer trouxesse a liberdade para a cidade sitiada. Queria ver o que estava acontecendo, mas o Capitão empurrou sua cabeça com a mão.

– Fique abaixada, já disse!

O Capitão ligou o motor, mas antes de sair dirigindo disparou vários tiros pela janela aberta. Yasmeena enfiou a mão na boca para não gritar de medo. O que ele estava fazendo? Achava que precisava enganar seus homens, fazer com que acreditassem que a havia executado?

Deixou a prisão para trás, as rodas do veículo girando. Quando a prisão sumiu de vista, ele disse apressadamente a ela:

– Muito bem, escute. Vou levar você até uma mesquita. Entre e ache um local para se esconder. Fique dentro de um depósito e fique lá. A Cidade do Kuwait vai ficar uma loucura. Duvido que alguém deixe suas casas para as orações. Fique lá até não ouvir nada que possa vir de um exército. Fique até se sentir a salvo. Então, encontre o caminho para a casa do meu amigo.

Yasmeena não disse nada. Estava assustada demais para falar. Talvez tudo fosse mentira.

Mas o Capitão falava a verdade. Ela iria viver. Ele parou diante de uma pequena mesquita de bairro.

– Saia. Vá para dentro. Logo, logo a cidade será um lugar perigoso. Yasmeena, *não* saia até tudo estar em silêncio.

Ela agarrou a alça da bolsa e pulou do veículo, olhando de volta para o homem que foi seu torturador e estuprador. Conseguiu evitar dizer todas as palavras que sonhou dizer um dia: que ele não era mais que um assassino e estuprador e que ela o desprezava. Surpreendentemente, no meio do desprezo, ela sentiu um pouco de afeição por ele a ter salvo de uma cova empoeirada. Ela balançava a cabeça para cima e para baixo, tão emocionada que tinha dificuldade para falar, mas as mentiras continuaram até o final.

– Vejo você em Basra – prometeu com a voz tremendo.

Ele assentiu, sorrindo.

– Sim, em Basra você será novamente minha. – Ele começou a movimentar vagarosamente o veículo, afastando-se dela, acenando a mão em despedida, repetindo a promessa. – Até Basra!

E com o coração alegre com a promessa de viver para fodê-la novamente outro dia, em outro lugar, em outro momento, seu estuprador acelerou para a noite, gritando alto:

– Até Basra! Até Basra!

Capítulo 15

O Mini-Capitão

No momento em que perdeu de vista o veículo militar, Yasmeena pendurou a pequena bolsa nas costas e ergueu-se como um aeroplano. Seu torso transformou-se em poderoso motor com braços que se transformaram em asas e pernas que se movimentavam como rodas. Corria pelo bairro kuwaitiano como se participasse de uma Olimpíada. De repente, todas as dores em seu corpo foram esquecidas e ela era capaz do maior esforço físico. Era uma jovem mulher correndo da morte certa, de volta para uma promessa de vida. Sua recém-descoberta força era tamanha que estava convencida que podia correr até o deserto, atravessando todo o Kuwait! Talvez se transformasse em uma nômade, vivendo do solo, sob o céu, e amando a vida. Mas na verdade ela poderia atravessar o deserto e correr até cruzar a fronteira para entrar na amistosa Arábia Saudita, ou talvez até a praia e mergulhar no mar da Arábia e nadar sem pausa os vinte quilômetros de fortes correntes, para arrastar seu corpo até a ilha Failaka, permanecendo ali até o perigo passar.

Sua mente emparelhava com a intensa força corporal, que de repente se tornara de aço impenetrável. Seus pensamentos estavam focados como os do pensador mais brilhante. Arreganhou os lábios, mostrando os dentes, sentindo a corrente de ar frio passando pelos lábios e dentes para dentro de sua boca, que abriu amplamente com o sentimento de alegria. Novamente havia enganado o Capitão. O homem não tinha a menor ideia de quem ela era, caso acreditasse que ela seguiria cegamente seus comandos. Jamais consideraria obedecer a sua ordem insípida de se esconder em uma mesquita conhecida dele, de modo que ele pudesse ter a oportunidade de mudar de ideia e voltar para exigir de volta a posse do seu corpo.

Yasmeena finalmente havia recuperado sua liberdade e iria permanecer livre.

Estava em um bairro que desconhecia, mas continuou correndo, sem notar os olhares espantados dos que viam uma mulher pequena usando um vestido bem colorido correndo e passando pelos cidadãos kuwaitianos que caminhavam apressadamente pela cidade. Obviamente, os boatos de que os ventos do poder mudaram haviam se espalhado. O ditador em Bagdá teve que ver a luz. O mundo não continuaria a tolerar que mantivesse o vizinho Kuwait preso em suas garras, e ele precisava sair dali caso quisesse manter o sangrento domínio em seu próprio país, o Iraque.

Yasmeena podia correr para sempre. Seu ritmo era tão rápido que, quando dobrou uma esquina, colidiu acidentalmente com uma família de kuwaitianos que saía de um carro. Chocou-se contra um adolescente kuwaitiano mais ou menos do seu tamanho. Ambos ficaram tão espantados com o choque que nenhum dos dois emitiu um som enquanto rolavam pelo chão como gatinhos brincando. Mas a mãe do rapaz grasnava como um desses enormes pássaros da floresta, fazendo Yasmeena sair do choque e voltar a si. Ela voltou a ter pensamentos humanos comuns e dores. Ofegante como um idoso paciente de pneumonia, tentou se levantar do chão, mas não conseguia.

Quando a família finalmente compreendeu que o temido atacante do filho era simplesmente uma mulher pequena que evidentemente corria para longe do perigo, o pai gentilmente levantou Yasmeena pelos braços e a colocou de pé. Rapidamente, perguntou:

– O que há de errado? Está sendo perseguida por soldados?

Yasmeena olhou os rostos gentis daquela família, o pai, a mãe, quatro filhas e dois filhos, e soube que jamais poderia revelar a realidade de seu estupro, tortura e aprisionamento. Essa era evidentemente uma boa família, que não saberia como processar façanhas tão repreensíveis como rapto, tortura e estupro. Além disso, Yasmeena seria humilhada. Aquelas boas pessoas não aceitariam ouvir falar das brutalidades às quais havia sido submetida, os atos bestiais que havia sofrido e, algumas vezes, até encorajado, para que simplesmente pudesse sobreviver.

Sim, era uma família como a de Lana. Todos lutariam até a morte antes de se submeter às revoltantes crueldades que Yasmeena sofrera. E, por isso ela contou uma pequena mentira sem qualquer dificuldade, pensando, enquanto falava, se algum dia poderia reconquistar a pureza de sua existência anterior. Desde criança, se orgulhava de ser uma garota que jamais mentia, mas, depois de semanas mentindo diariamente a seu estuprador, temia estar imune à doença da mentira.

– Sim – respondeu –, alguns soldados começaram a me perseguir, me pegaram e me colocaram em seu veículo. Fugi quando pararam para prender o motorista de um veículo que não tinha placa iraquiana.

Yasmeena sabia que os bravos kuwaitianos sempre desafiavam a ordem explícita de Bagdá de substituir as placas de seus automóveis por placas iraquianas, mesmo que isso fizesse com que fossem presos e às vezes executados. O açougueiro de Bagdá falava sério, mesmo quando se tratava de coisas insignificantes como placas de automóveis.

A família foi simpática, mas eles também estavam com pressa. O conquistador e os conquistados haviam captado a excitação do dia e o perigo impregnava o ar no Kuwait. O pai e a mãe apressaram seus filhos e Yasmeena para correr para a segurança de sua casa.

Uma vez dentro da residência familiar, Yasmeena foi acomodada em uma poltrona muito confortável. A mãe estendeu uma cara e fina manta sobre as pernas e o colo de Yasmeena. Uma das filhas serviu um iogurte refrescantemente gelado. As mulheres da família a cercaram de gentileza. Eram educados demais para forçar respostas, o que fez Yasmeena sentir-se agradecida e ficar com os olhos cheios d'água.

Ela comeu um pouco e bebeu um copo grande de água. A mãe a escoltou até uma suíte, apontando o banheiro e dizendo a Yasmeena que ela devia se refrescar. Avaliou o tamanho de Yasmeena e comentou que ela era pequena, do mesmo tamanho da filha do meio, e que acharia algumas roupas que lhe servissem sobre a cama quando saísse do banho.

Logo a porta se fechou e Yasmeena ficou sozinha. Ficou de pé sem se mover, sentindo a si mesma como ainda participando do pesadelo no qual vivera por tantas semanas. Permitiu que seus pensamentos revisitassem o circo da prisão, o inferno onde as outras mulheres ainda deviam estar sofrendo, ou possivelmente o lugar onde seus cadáveres estavam espalhados. Tremeu ao pensar na violência que podia ter ocorrido lá. Será que aqueles olhos estavam sem vida? Será que não mais esperavam os homens malvados, ladrões da alegria de sua juventude, que as levaram mais cedo para o túmulo? Só de pensar na essência doce de Lana e em sua estoica aceitação do destino Yasmeena soube que precisava tentar voltar e fazer o que pudesse para libertar também Lana e as demais. Quando e como ela poderia fazer isso, não sabia. Se pudesse voltar para a casa de seu amigo kuwaitiano, certamente conseguiria convencer os dois bravos filhos a reunir um grupo de combatentes pela liberdade para atacar aquele circo e libertar as jovens mulheres mantidas no local.

Mas primeiro devia reunir forças para esse desafio.

* * *

Presidente Saddam Hussein

O presidente iraquiano anunciou na rádio de Bagdá que as tropas iraquianas se retiravam do Kuwait, e que todo o exército iraquiano estaria fora do país no fim do dia.

– *Rádio Bagdá*
26 de fevereiro de 1991

Testemunho pessoal

"Perguntei a minha mãe e minhas tias e todas foram muito veementes ao dizer que as tropas iraquianas saíram no dia 26 de fevereiro, ao amanhecer."

– Lujain, jovem kuwaitiana,
em relato a Jean Sasson

Testemunho pessoal

"O dia 25 de fevereiro de 1991 foi outro dia de ocupação, e ninguém sabia se eles [o exército iraquiano] iriam se retirar ou não do Kuwait. Sabíamos apenas que tudo estava perto do fim. Alguns iraquianos começaram a se retirar do Kuwait no dia 25 de fevereiro, por volta da meia-noite, e então o restante deles começou a fugir do país no dia 26 de fevereiro, por volta da 1 hora da madrugada, horário kuwaitiano. Agora comemoramos a libertação do Kuwait todo dia 26 de fevereiro."

– Do kuwaitiano Abdul Rahman,
amigo do kuwaitiano Fares, amigo de Jean Sasson

* * *

Algumas horas depois do banho mais reconfortante de sua vida um ruído trovejante despertou Yasmeena de um sono profundo. Alguns instantes se passaram antes que ela lembrasse que havia iludido o Capitão e estava a salvo no lar de uma gentil família kuwaitiana. O ruído era tão ensurdecedor que, por um instante, ela pensou que o lar kuwaitiano que a abrigava estava prestes a ser atingido por um avião. Esperou por seu destino, sem quase acreditar em sua falta de sorte. Havia escapado de seu estuprador e assassino potencial para ser esmagada e queimada pela queda de um avião? O barulho aumentou, e ela esperou pela morte. Mas a morte não veio.

Olhou para um relógio e observou que era extremamente cedo, ou extremamente tarde. O relógio marcava 1 hora. Mas ela não tinha certeza se era da manhã ou da tarde. Escutou seus anfitriões gritando para que seus filhos viessem rapidamente. Yasmeena agarrou o roupão de banho de seda deixado para seu uso e seguiu as vozes estridentes dos pais como guia. O mais rapidamente que permitiam seus pés extremamente macios e suas coxas assadas, correu para o segundo piso da casa, onde a família estava reunida em uma sala usada exclusivamente para ver televisão. Com um exame rápido, Yasmeena percebeu que as portas duplas davam para um balcão.

Depois de assegurar que toda a família havia se reunido, o pai abriu cautelosamente as portas e vagarosamente entrou no balcão escuro. Foi quando Yasmeena percebeu que ainda era madrugada. A barulhada que escutavam aumentou ainda mais com as portas abertas. Inquisitiva, Yasmeena se reuniu ao pai e seus dois filhos que estavam no balcão, mesmo quando as mulheres da família imploraram para que ela ficasse dentro de casa, por segurança.

Yasmeena encolheu-se diante do espetáculo barulhento na rua embaixo. Transcorreram alguns momentos até compreender que o barulho trovejante que escutava vinha de centenas de veículos que rugiam passando por toda a cidade. O barulho dos motores era tão forte que sentiu vontade de voltar para dentro. Mas se recusou a perder um segundo sequer da saída desordenada dos militares iraquianos, chocados e assustados. Milhares de homens armados corriam por ali, tentando achar uma maneira de sair do Kuwait e voltar ao Iraque. O pensamento mais feliz foi saber que o Capitão aprumadinho e seus arrogantes bandidos estavam, naquele instante, no meio dos soldados, em pânico, sentindo algo semelhante ao terror que haviam imposto, com toda a sua arrogância, aos civis kuwaitianos, e por conta disso ela estava mais exultante do que jamais estivera havia muito tempo. Eles haviam governado como reis bandidos e agora pagavam pelas liberdades macabras que haviam tomado contra uma nação inteira e, principalmente, contra jovens e inocentes mulheres.

Ela ficou olhando, boquiaberta, com as mãos tapando os ouvidos. Toda a Cidade do Kuwait estava em pandemônio. Depois de quase sete meses de ocupação, o exército iraquiano realmente se retirava.

O processo de evacuação parecia interminável. Como um câncer sendo extirpado de um hospedeiro que não o desejava, os soldados iraquianos continuavam brotando dos edifícios e vilas ocupadas para pular em qualquer meio de transporte, e em todos eles. As estradas transbordavam de veículos militares, carros civis e caminhões, todos lotados com soldados.

Yasmeena escutou o esperado, mas diferente, som dos tanques de guerra. Os tanques fugiam, abrindo caminho pelas ruas da cidade o mais rapidamente possível, seus manobristas iraquianos não se importando com o trânsito congestionado à frente: centenas de veículos militares abarrotados com seus próprios camaradas. Por cima do rugido dos motores vinha o débil ruído de homens gritando em agonia enquanto os tanques rolavam por cima e esmagavam os veículos parados como se eles fossem brinquedos.

Yasmeena olhava, incrédula. O exército iraquiano mutilando e matando os seus. Depois de pensar um pouco, concluiu que era um final adequado para a ocupação. Sentiu o ódio de uma mulher que fora brutalmente estuprada por meses. Sentia o desdém de uma mulher que testemunhara a brutalização indescritível da jovem e inocente Lana. Os estupradores a ensinaram a odiar, e ela odiava com um sabor de vingança que lhe seria impossível sentir antes de 2 agosto de 1990.

Seu anfitrião kuwaitiano e os filhos saíram do balcão para sentar com as mulheres da família e descrever o inacreditável movimento que viram, mas Yasmeena permaneceu de pé, observando sozinha, esperando até que o último veículo com os últimos iraquianos saísse da cidade. Ela sabia que seu Capitão estava no meio daquela massa de homens, e que, finalmente, estava fora de sua vida para sempre.

Quando o último veículo passou rugindo e sumiu de vista, Yasmeena começou a planejar seu regresso ao circo da prisão. Olhou o céu ainda escuro, mas pensou no promissor alvorecer. À primeira luz, ela regressaria àquele lugar de horrores, e iria procurar Lana e as outras mulheres.

* * *

A manhã demorou a chegar. Vestida adequadamente com o belo vestido lilás da filha do kuwaitiano, o cabelo recém-lavado puxado para trás, Yasmeena olhava pela janela do automóvel os grupos de kuwaitianos que comemoravam enquanto seu anfitrião a levava até o lar de seus amigos kuwaitianos.

Quando chegaram, Yasmeena soube pelos empregados que a família já não estava no país. Cerca de uma semana depois de Yasmeena ter desaparecido na barreira, eles ficaram temerosos pela segurança de seus filhos, já que não tinham nem ideia se Yasmeena havia sido torturada para revelar o nome deles. Então contrataram um guia bem-preparado para escoltar a família pelos desertos kuwaitianos e sauditas até chegar à Arábia Saudita. Mas a família deixou um bilhete para Yasmeena, caso ela ainda estivesse viva. O bilhete amistoso a instruía a ficar à vontade para permanecer na casa como se fosse dela, e usar os carros ou qualquer outra coisa de que precisasse. Diziam que regressariam logo que o Kuwait fosse liberado.

Yasmeena não sabia que, como voluntária ajudando os combatentes clandestinos, era considerada uma heroína pelos que sabiam de seu sacrifício. A maioria acreditava que ela fora executada por tentar entregar os panfletos.

Ela ficou triste e alegre ao mesmo tempo, pois estava com as bênçãos e os problemas unidos em um só pacote. Tinha agora um lugar onde ficar, mas não tinha amigos no país que pudessem ajudá-la. A despeito de suas preocupações, sorriu quando se despediu do pai gentil que a havia transportado. Ele prometeu trazer a família mais tarde para uma visita, depois que a excitação que tomava conta da cidade diminuísse.

Assim que ele saiu da vila, Yasmeena disse ao jardineiro do Sri Lanka e à empregada doméstica filipina que queria que os dois fossem com ela até a prisão onde havia sido detida. Tinha que saber a condição em que se encontravam as outras mulheres que estiveram na prisão com ela.

* * *

Guerra no golfo

Falando por um telefone via satélite com a Cable News Network, o coronel Abu Fahad, líder das forças anti-iraquianas do Kuwait, disse que, ao se retirarem, os iraquianos "levaram com eles todos os reféns, milhares de prisioneiros".

– *The New York Times*
27 de fevereiro de 1991

Cidade do Kuwait

Os kuwaitianos estão comemorando uma grande vitória! As buzinas dos carros não param, muitos exibem fotografias do emir, e outros seguram bandeiras kuwaitianas. Homens dançam pelas ruas e mulheres choram de alegria.

– Anúncio da Embaixada do Kuwait em Washington
27 de fevereiro de 1991

* * *

Com o pensamento focado no destino das mulheres que deixara para trás, Yasmeena não se uniu às alegres celebrações que irrompiam pela cidade. Todos os bairros pelos quais passou estavam cheios de alegres kuwaitianos. Estavam muito felizes. O dia que jamais acreditavam que chegaria finalmente era realidade. Homens dançavam pelas ruas, mulheres cantavam e crianças brincavam. A alegria dos kuwaitianos não tinha limites.

Mas o quarteirão ao redor da prisão estava fantasmagoricamente escuro e silencioso. Será que os homens da vizinhança já haviam explodido a prisão? Será que as mulheres haviam sido libertadas? Ou ainda estavam trancadas nas celas? Uma destemida Yasmeena saltou do carro e correu para dentro, chamando:

– Lana? Lana?

Não houve resposta.

Yasmeena passou por sua própria cela vazia sem olhar, correndo de uma cela vazia para outra. Todas as portas estavam escancaradas, todas as celas sem prisioneiras. Com o coração na garganta, correu até a cela de Lana na esperança de confirmar que sua amiga havia sobrevivido, mas não viu nada que despertasse esperança. O colchão de dormir e o cobertor de Lana ainda estavam lá, assim como as cordas e correntes que foram usadas para prendê-la. Yasmeena encolheu-se diante do fedor de feridas infeccionadas, sangue e sujeira acumulada que ainda saturava o ar da cela.

Ela viu a camisola negra de Lana aberta ao lado do colchão imundo. Yasmeena a levantou e passou os dedos pela fina camisola, lembrando-se da última vez que vira o corpo pequeno de Lana coberto por ela. Quando reconheceu as várias manchas como pus e sêmen secos, ela a deixou cair das mãos, tremendo com as lembranças do que Lana sofrera enquanto usava a camisola. Tremeu, lamentando ter tocado na camisola, sabendo que a besta em algum momento a tocou com seus dedos repugnantes.

Naquele instante, lembrou-se de uma verdade horrível. Quando a situação começou a piorar para os iraquianos, o Capitão não comprou o material de desenho, Yasmeena nem pediu a Lana que lhe revelasse seus dados pessoais. Devido aos espancamentos quase constantes e os continuados e dolorosos estupros, Lana estava em um estado tão frágil no último mês que o tempo em que Yasmeena passava com a jovem era gasto verificando os ferimentos e cuidando deles. O único objetivo de Yasmeena era manter sua amiga viva.

Como poderia agora encontrar a família de Lana? Ela nem sequer sabia seu sobrenome. Lana permanecera temerosa de confiar essa informação a qualquer pessoa, apesar de planejar ditar todos os dados para Yasmeena

Yasmeena saiu relutante do circo da prisão até o pátio de execuções, temendo ver ali os corpos de todas as mulheres. Mas ali também não havia prisioneiras, feridas, mortas ou vivas. Ela examinou a sujeira ao redor do poste de execução, e, ao mesmo tempo que se horrorizava ao ver manchas de sangue misturadas com a sujeira, sentiu uma leve esperança quando percebeu que a quantidade de sangue que via não era o suficiente para indicar a execução de 14 mulheres.

Onde estava o sangue? Onde estavam as mulheres?

Será que o Capitão havia perdido um tempo precioso enterrando-as? Ou os soldados as teriam levado com eles? Conhecendo bem a besta estupradora de Lana, reconheceu que jamais permitiria que Lana fosse libertada. Será que sua amiga ferida estava em um desses veículos lotados, a caminho do Iraque, para passar o resto de sua miserável vida com a besta?

Uma Yasmeena desanimada retornou mais uma vez à prisão, para ter certeza de que não havia deixado passar nada. Depois de vasculhar todas as celas, menos a sua, sem saber o que procurava, finalmente abandonou o circo da prisão pela última vez.

* * *

A carga de tormentos de Yasmeena aumentava cada vez mais. Naquela noite, depois de tomar um pote pequeno de iogurte, comer um pouco de pão passado e um doce, sentiu ondas de náusea subindo da barriga para a garganta. Toda a comida que havia ingerido voltou, como bile fétida. Afastando os cabelos para longe do rosto enquanto se inclinava no toalete, começou a ter a devastadora consciência de sua ruína iminente – lembrou que não tivera seu sangramento feminino nos últimos dois meses. Em meio à sua provação, ela esqueceu o assunto, talvez vagamente consciente que qualquer prisioneira estuprada incapaz de esconder uma gravidez de seu estuprador seria rapidamente executada.

Yasmeena sentou-se na beira da cama, olhos arregalados e boca aberta, as mãos em cima do estômago, e soube, com uma certeza inédita, que carregava consigo um filho, grávida de um homem que ela abominava com todo o coração.

Começou a choramingar como uma criança machucada, caindo estirada na cama, a mente disparando. Para onde ela poderia ir? Com quem poderia contar? Em quem podia confiar para manter seu sombrio segredo?

Contorceu-se com agonia, em movimentos convulsivos que a fizeram lembrar-se de uma pobre raposa que vira certa vez quando sua família dirigia por uma das pitorescas aldeias do alto do monte Líbano. Yasmeena e suas irmãs choraram quando viram a raposa estirada ao lado da estrada tortuosa, a pata delicada presa nas garras de uma pequena armadilha de aço. A pobrezinha havia se arrastado, puxando a armadilha desde a floresta. Yasmeena olhou o rosto contorcido de dor do bicho e implorou ao pai que parasse o carro, que fizesse alguma coisa. Mas seu pai não iria correr o risco de ser mordido por uma raposa. Durante muito tempo ela não conseguiu apagar a imagem de sua mente: a pobre raposa tremendo de dor. Conhecendo o caráter dos libaneses como conhecia, temia que ninguém houvesse feito algo. O mais provável é que o pobre animal morresse vagarosamente, com dores.

Agora ela era a raposa, em uma infindável agonia, sem ninguém para ajudar.

O plano de Yasmeena de enterrar o horrível tempo de seu aprisionamento esvaneceu-se subitamente. Antes desse momento final de realidade, ela ansiava sobreviver, com esperanças em uma segunda oportunidade, desesperada por voltar a uma vida normal, de modo que pudesse deixar para trás a desgraçada vida dos estupros diários. Havia planejado seu regresso a uma vida comum, preparada para divulgar apenas que havia sido detida e aprisionada por fazer parte da resistência kuwaitiana. Não tinha planos para, em momento algum, admitir os estupros. E quanto a casamento, nunca mais queria que um homem tocasse seu corpo. Recusaria qualquer oferta de casamento e viveria como solteira, transformando-se com o tempo na titia solteirona favorita de sobrinhos e sobrinhas.

Como ela poderia agora disfarçar o fato de ter sido estuprada, com um bebê do Capitão aninhado dentro dela? Ela sentou-se, prostrada e muda, como uma estátua de mármore claro que vira uma vez em um desses enormes museus franceses. Aos poucos uma nova estratégia foi sendo delineada como uma arma em sua mente, dando-lhe nova força e resolução.

Yasmeena gritou:

– Jamais terei o filho de um monstro!

Epílogo

A vila dos bebês

Yasmeena andava de um lado para o outro em seu quarto. Tudo dera errado. Depois de descobrir-se grávida, pediu a Deus por um aborto, por uma limpeza natural e divina de seu corpo, sabendo que jamais poderia cuidar, ou amar, um bebê fruto do estupro, o bebê de um monstro. Mas Deus não respondeu às suas preces. Além de seus enjoos estomacais, ela permaneceu saudável com a crescente barriga.

Ela se viu retratando mentalmente o rosto do bebê. No fundo de seu coração sabia que o bebê era menino, uma minúscula réplica do monstro que o havia plantado ali. Imaginava o corpo flácido, uma minirreprodução da figura curvada do Capitão. Sentia os próprios dedos avançando na direção da abertura de sua parte privada, e de repente esses dedos tinham vida própria e iriam arrancar o minúsculo Capitão de seu corpo e dar descarga no toalete. Certa vez seus dedos, tentativamente, inspecionaram sua vagina, mas sua abertura era tão pequena que agora ela se perguntava como é que o Capitão enfiava seu enorme membro dentro dela.

Mas agora havia uma questão mais urgente. Como o bebê do Capitão sairia por uma abertura tão pequena? Como a maioria das garotas árabes, ela era ingênua sobre homens e mulheres e assuntos sexuais, e jamais havia pensado muito nos detalhes médicos da reprodução.

Suas lembranças combinadas com a realidade atual criaram um medo que a paralisava. Seu terror era tão profundo que ela só conseguia chorar e andar de um lado para outro. Como poderia resolver esse problema do bebê, que ficava maior a cada dia?

Esperando por um milagre, não fez nada. O bebê permaneceu dentro dela até ser tarde demais. Um dia, passando por um espelho, viu, por acaso, seu perfil. Yasmeena engasgou, percebendo pela primeira vez que decididamente havia um volume em sua barriga que já fora plana. Como o bebê crescia tão rapidamente? Então, lembrava-se que o calombo era de fato do Capitão! Ele era um sujeito grande. Sua semente produziria um bebê enorme. Ela bateu levemente na barriga e perdeu o senso de realidade. Guinchava:

– *Saia daí! Saia daí!* – soluçava em súplica. – Por favor, saia daí. Saia daí. Por favor, saia daí.

Mas o bebê permanecia, confortavelmente aninhado dentro de seu corpo.

Apesar de desejar telefonar para sua mãe para dizer à sua família que ainda estava viva, não conseguia. Primeiro, os iraquianos haviam destruído o serviço telefônico e iria demorar até que o governo kuwaitiano reparasse isso. Segundo, ela não podia confessar a gravidez para a família. Se o fizesse, teria que confessar os estupros e tudo que levou à sua detenção e aprisionamento. Não podia fazer isso com seus pais. Não podia ensombrecer a velhice deles revelando uma história tão sórdida. A decisão foi tomada. Ela não podia falar com os pais até o bebê sumir, de um modo ou de outro.

A crise pessoal de Yasmeena só aumentava. Logo que as linhas de telefone kuwaitianas foram restabelecidas, ela recebeu uma ligação internacional de seus amigos kuwaitianos. Contaram algo sobre o drama que eles próprios viveram, o choque com seu desaparecimento, o temor que os iraquianos logo arrombassem a casa e prendessem todos. Não conseguiam aguentar o suspense de não saber nada, resolvendo fugir da cidade e dirigir pelo deserto, tendo tido a sorte de não encontrar iraquianos. Da Arábia Saudita voaram para Londres, e permaneceram em seu apartamento na cidade.

Graças a Deus, todos estavam vivos. Considerando que os dois filhos eram membros ativos da resistência kuwaitiana, tiveram mais sorte que a maioria. Muitos jovens corajosos, homens e mulheres, foram detidos, torturados e executados.

Agora a amiga de Yasmeena estava feliz por ela também haver sobrevivido e estar esperando por eles em casa. Queria saber de tudo, disse, mas, considerando que a ligação era internacional, esperaria até a família regressar ao Kuwait para ouvir de Yasmeena a história toda. Como todos os kuwaitianos que sobreviveram aos primeiros meses da ocupação antes de fugir, mal podiam acreditar que seu país tivesse sido devolvido intacto, apesar de já saberem que boa parte da infraestrutura tinha sido destruída.

Ela tagarelou pelo que pareceram horas, com Yasmeena emitindo pouco mais do que resmungos e suspiros. A amiga kuwaitiana finalmente se despedia, mas não antes de prometer que a família regressaria tão logo os serviços urbanos estivessem funcionando e tudo estivesse seguro, pois souberam que ainda havia perigo no Kuwait, e que alguns daqueles que comemoravam tinham sido feridos ou morrido por conta das minas e de bombas que não haviam explodido.

Depois dessa ligação, a cama transformou-se no santuário de Yasmeena. Sua prolongada melancolia durou três dias completos. Sabendo que precisava fazer *alguma coisa* sobre o feto indesejado, cometeu o maior erro de sua vida: foi até um hospital do governo e chorou suas pitangas com uma enfermeira, pedindo conselho sobre o que poderia fazer. Ela ingenuamente acreditou que a enfermeira poderia recomendar um método seguro de se livrar do bebê. Cuidadosa para não contar toda sua saga dos meses anteriores, revelou apenas que havia sido estuprada por um soldado inimigo e agora estava com um bebê indesejado dentro dela.

Para horror de Yasmeena, a enfermeira não guardou a confidência e, em vez disso, saiu da sala de exames para chamar um médico, ao qual contou tudo que Yasmeena havia confessado. O médico, de rosto sério, reagiu do mesmo modo que muitos de sua cultura reagiriam. Olhou-a com desaprovação, como se ela fosse uma idiota, responsável por ser raptada e estuprada.

– Por que você concordou em transportar material da resistência? – perguntou ele.

Sim, ela era a responsável pelo problema do bebê, em vez do estuprador. Ele limpou a garganta e mexeu a barba suja, concluindo que não poderia tomar nenhuma decisão, que o governo estava empenhado em resolver o problema, tentando decidir o que era melhor para todos os envolvidos. Enquanto isso, o governo estava confinando todas as solteiras grávidas de soldados inimigos. Ela deveria esperar a decisão em uma vila gerenciada pelo governo, e receberia assistência médica gratuita. Era a primeira vez que Yasmeena ouvia dizer que todas as vítimas de estupro que estivessem grávidas receberiam cuidados do governo kuwaitiano. A notícia era boa, e ruim, tudo ao mesmo tempo. Ao mesmo tempo que era aceitável ter alguém que cuidasse dela, ficou nervosa por perder o controle sobre seu próprio destino.

Depois dessa conversa esclarecedora, Yasmeena foi escoltada do hospital, sem muita delicadeza, como se fosse alguém manchada por quebrar a lei, para dentro de uma van desconjuntada com assentos rasgados e tapete imundo. Assim ela foi transportada para um bairro rico da cidade, parando em frente a uma grande vila cor-de-rosa.

Mandaram Yasmeena entrar, ali ela foi recebida por duas enfermeiras indianas de meia-idade. Depois de informar seu nome, idade e tempo estimado de gravidez, foi levada a um pequeno quarto onde a convidaram para se pôr à vontade, tomar um banho e ir para a cama descansar um pouco. Ela seria servida com três refeições diárias, que podia receber no quarto, ou na sala de jantar comum.

Ao mesmo tempo, disseram-lhe que ela era uma de trinta vítimas que moravam na vila. Como foi o caso do circo-prisão, logo ela descobriria que havia diversas nacionalidades na vila dos bebês, o apelido que a equipe de atendimento dera ao local.

* * *

A vida de Yasmeena na vila transcorreu calmamente, de maneira meio turva. Escolhendo o isolamento, comia no quarto, aceitando em silêncio a refeição que a equipe colocava diante dela. Tudo era sem gosto, de qualquer modo. Engolia, sem questionar, as vitaminas que as enfermeiras entregavam. Ficava em silêncio enquanto os médicos a examinavam. Ouviu em silêncio as enfermeiras sussurrando que o governo kuwaitiano logo convocaria uma reunião do Parlamento para decidir se permitiria ou não que as garotas fizessem um aborto tardio, algo que todas afirmavam querer.

Quando lhe disseram que o bebê dentro dela estava com aproximadamente quatro meses, ela percebeu que estava grávida há mais tempo do que pensava, quase desde o começo de sua captura. Era estranho que nunca tenha notado qualquer sintoma, mas atribuiu essa falta de atenção ao choque com tudo que aconteceu com ela.

Mas agora só conseguia pensar no Parlamento kuwaitiano e quando este se reuniria para decidir os destinos de tantas mulheres e moças grávidas. Rezava pelo direito de fazer um aborto tardio. Não se importava com a idade do bebê. Só queria que ele sumisse. Como seria bom se ele pudesse desaparecer na fumaça, sumir para sempre de sua vida. Tal como o Capitão. Sumido, sumido para sempre. Ela tremia de nojo quando pensava que ele podia ter acreditado em suas promessas, e que podia estar impacientemente esperando por ela em Basra para poder estuprá-la novamente. Tinha esperança de que ele estivesse morto. Ela tinha esperança de que seu corpo apodrecesse no deserto e que sua carne estivesse sendo devorada por animais.

Quando as enfermeiras lhe contaram, alegres, sobre o massacre na estrada para Basra, dizendo que a história era uma espécie de prêmio de consolação para as mulheres que haviam sido tão abusadas, Yasmeena ouviu em silêncio. Seus sentimentos eram conflitantes. Imaginou todos aqueles pênis ameaçadores carbonizados, caindo do corpo dos estupradores, e aquela era uma cena prazerosa. Aqueles homens nunca mais poderiam conhecer o prazer de estuprar uma mulher. Desejava que o Capitão, o monstro estuprador, e todos os estupradores do circo-prisão tivessem sofrido horrivelmente enquanto queimavam até morrer, quando as enormes bombas caíram sobre o comboio em fuga.

Mas ficou aterrorizada ao pensar que Lana e outras kuwaitianas inocentes pudessem ser encontradas no meio do fogo. Todo mundo sabia que milhares de inocentes kuwaitianos e de várias outras nacionalidades haviam sido levados pelos iraquianos no apressado êxodo para sair do Kuwait. Qual seria o destino daquelas pessoas inocentes?

Nas horas calmas na vila dos bebês, Yasmeena sentia a ausência de Lana todos os minutos, todas as horas, a cada dia. Se ao menos Lana estivesse com ela na vila, Yasmeena poderia aceitar melhor seu destino. Se pelo menos Lana houvesse sobrevivido ao monstro estuprador, haveria motivo para alegria.

No decorrer da primeira semana Yasmeena obrigou-se a conhecer cada uma das mulheres grávidas ali hospedadas. Apesar de sentir muito pelas garotas que sabia terem suportado privações aterradoras como ela, não se lembrava delas nem de suas histórias no momento em que fechava a porta do quarto onde estavam, e ia embora. Yasmeena procurava apenas um rosto. Ainda tinha esperanças de que sua querida amiga Lana tivesse sobrevivido.

Mas Lana não foi encontrada em lugar algum.

Yasmeena não encontrou ninguém em quem confiar. A raiva e o medo borbulhavam dentro dela, como aquele ácido que queimava lentamente, do qual se gabavam os soldados iraquianos. Durante toda a sua vida havia sido uma garota tranquila, odiando a guerra e a violência, mas agora ficava muitas horas a sós em sua pequena e dura cama. Em sua solidão, preocupava-se com Lana, atormentava-se com seu próprio destino, e borbulhava de raiva e horror do bebê que não significava nada para ela, nada mais que uma versão minúscula do Capitão, o homem que a estuprou e torturou por muitos e longos meses. O Capitão ainda estava dentro dela, na forma do bebê, como um parasita agarrado em suas entranhas.

Ela odiava o Capitão, e odiava também o bebê dele.

* * *

Durante a quinta semana de Yasmeena na vila, uma das enfermeiras mais gentis lhe revelou um segredo animador. O governo havia convidado uma escritora dos Estados Unidos, para que fosse até lá encontrar-se com as mulheres e ouvir suas histórias. A norte-americana escreveria sobre os estupros, os assassinatos e o horror, e contaria suas histórias para o mundo. As mulheres não deviam se preocupar, pois a escritora vivera durante muitos anos no Oriente Médio e, por isso, compreendia a cultura árabe e a vergonha cultural envolvida no abuso sexual. Ela não revelaria seus verdadeiros nomes e até mudaria alguns traços particulares de suas vidas para construir um véu de proteção ao redor das garotas.

Mas o livro era importante, porque seria o único modo de o mundo tomar conhecimento dos horrendos crimes que haviam sido cometidos a seus corpos. A enfermeira disse a Yasmeena que acreditava que o governo estava correto, e que todos os crimes cometidos contra os kuwaitianos deviam ser conhecidos por todo mundo. O governo kuwaitiano pediu às enfermeiras que encorajassem as mulheres a confiar e falar com a escritora.

Yasmeena falou pouco, mas pensou muito. Depois que a enfermeira saiu, considerou todos os aspectos da situação, concluindo que se a escritora não revelasse seu nome verdadeiro, e mudasse alguns detalhes capazes de identificá-la, ela estaria ansiosa para falar, queria que todo mundo soubesse o que homens árabes fizeram com mulheres árabes.

Yasmeena estava ansiosa e decidiu que seria a primeira voluntária a conhecer a escritora.

* * *

No dia seguinte, a escritora norte-americana veio encontrar Yasmeena, que esperava impacientemente. Nas últimas 24 horas, a jovem só pensara nessa entrevista. Se contasse a história de Lana, e a sua, talvez todas as que não sobreviveram fossem lembradas por todo o mundo. O livro poderia ser um tributo especial à memória de cada garota ou mulher que havia sido estuprada.

Yasmeena decidiu que, não importa o quanto fosse difícil reviver verbalmente aquelas lembranças pavorosas, ela contaria tudo, todos os detalhes sangrentos de seu aprisionamento e estupro, os atos horríveis cometidos contra Lana e as outras mulheres. Todo o mundo árabe deveria e iria saber o que homens árabes fizeram com mulheres árabes.

A escritora era muito agradável, calorosa em seus cumprimentos e seus modos eram gentis. Yasmeena percebeu que a mulher tinha simpatia pela situação delas, esse sentimento ajudou a diminuir suas dúvidas. Ela estava à vontade.

Sua única preocupação era um kuwaitiano que acompanhava a mulher. Depois que soube que ele havia permanecido no Kuwait e lutara contra os ocupantes, sentiu-se um pouco melhor. A despeito disso, não estava confortável em ter um homem ouvindo os detalhes mais gráficos de seu abuso sexual. Felizmente, o kuwaitiano era sensível e pareceu perceber a necessidade de privacidade sem que ela houvesse dito uma palavra. Propôs que, como ela falava um bom inglês e não precisava de tradutor, ele esperaria em outro lugar, até quando ela estivesse pronta para falar abertamente.

E assim Yasmeena sentou-se a uma mesinha diante da escritora. Havia pensado que a confissão daqueles dias de estupro fosse difícil de ser feita, mas não foi. Era a primeira vez que podia verbalizar sua tristeza e raiva. Quando começou a falar, não conseguia mais parar. Falou vagarosamente, mas de modo franco, sem querer deixar nada de fora. Contou tudo que acontecera com ela e o que sabia ter acontecido com Lana, do primeiro dia da ocupação até o último. Ela viveu no país cada minuto desde o dia 2 de agosto de 1990, então, tinha muito a dizer.

A escritora ficou visivelmente abalada, mas não interrompeu o relato com perguntas. De vez em quando, escrevia algumas frases em uma caderneta, e várias vezes Yasmeena pediu para ver as anotações para ter certeza de que não havia nada que os leitores pudessem ligar diretamente a ela. Mas, na maior parte do tempo, a escritora apenas ficou sentada olhando Yasmeena nos olhos, e de vez em quando acariciava sua mão, e algumas vezes expressava sua compaixão, dizendo:

– Sinto muito. Sinto tanto por isso!

Yasmeena não tinha como marcar o tempo, nem saber que havia falado sem parar desde cedo na manhã até tarde da noite, com apenas algumas pausas para tomar um gole do copo de suco de maçã. Quando finalmente parou de falar, percebeu que a escritora a olhava com uma expressão triste no rosto. Estava lutando para controlar as lágrimas.

Quando se recompôs, a escritora disse estar preocupada com a jovem e se perguntava quando ligaria para sua família.

Pela primeira vez, Yasmeena caiu em lágrimas e respondeu:

– Jamais ligarei para eles. Para eles, estou morta. Não posso destruir a felicidade deles contando a minha história. Não os mereço. Fiz algo muito desonroso ao fingir que amava meu estuprador. Minha família jamais me perdoaria.

A escritora respondeu calmamente, discordando, e insistiu que Yasmeena não apenas havia sido corajosa, como também tinha sido esperta. Suas ações a fizeram sair viva do sofrimento, e isso seria o mais importante para sua família. Yasmeena não podia ter impedido os estupros, não importa o que fizesse. Mas foi capaz de fugir da execução. A autora estava convencida de que o Capitão a teria matado se Yasmeena não fosse uma atriz talentosa. Ela merecia aplausos por suas habilidades de representação. Se não houvesse convencido o Capitão de que estava apaixonada por ele, também teria sido executada, como tantas outras garotas e mulheres.

Estar viva era a maior das vitórias. Agora ela dava um testemunho crucial, para que todas as mulheres recebessem alguma justiça, com o mundo sabendo do sofrimento de todas. Qual seria o resultado se Yasmeena tivesse desistido de viver? Nada. Apenas outra garota inocente executada. Algum dia a história seria contada e talvez alguém influente no mundo trabalhasse para classificar tais estupros como uma enorme atrocidade, e a punição seria finalmente levada a cabo. Ao viver, talvez ela tivesse ajudado muitas outras mulheres do mundo. Para a autora, Yasmeena era uma heroína.

Yasmeena só conseguia balbuciar:

– Não. Não. – Ela havia passado tempo demais considerando-se desonrada. Em sua mente, a palavra "heroína" jamais poderia ser aplicada a uma moça libanesa chamada Yasmeena.

A escritora pressionou mais, oferecendo-se para encontrar sua família. Ela já havia ido várias vezes ao Líbano e tinha amigos íntimos libaneses. Talvez pudesse falar com sua família e ajudá-los a ficar à vontade com a decisão de Yasmeena fazer o que fez para salvar sua vida.

– Não. Não. Não posso vê-los. Não posso. – Ela, que sempre foi uma garota esperta, mudou de assunto. – Fale também com as outras mulheres. Depois pense no que os homens árabes fizeram com as mulheres árabes. *Faça disso o tema de seus escritos: o que homens árabes fizeram com suas mulheres árabes! Que vergonha! Que vergonha! Que vergonha!*

A escritora inclinou-se e abraçou Yasmeena com carinho, e a jovem retribuiu com um olhar afetuoso.

Mas o abraço quebrou a resolução de Yasmeena de não contar o que realmente passava por sua cabeça. Sem pensar, levantou-se e assustou a si mesma e à escritora ao verbalizar o grande segredo que pesava em sua mente já havia um mês. Ela começou a chorar, mas, através das lágrimas, olhou diretamente para a escritora e rugiu:

– Não quero ser árabe! Não quero ser árabe! Veja o que os árabes fazem uns com os outros! Quero ser judia. Agora quero ser uma judia israelense. Quero ir para Israel e viver lá. Os judeus não fazem isso com *suas* mulheres. Não fariam. Mas os árabes fazem isso com *suas* mulheres! O que isso diz sobre nós? Sou uma árabe! Já fui uma árabe que tinha orgulho disso. Mas agora odeio ser árabe. E quer saber? Não serei mais. Se me aceitarem, serei judia. Você me ajuda? Você me ajuda? Fale com alguém! Pergunte se posso ir para Israel e ser judia! Isso é o que quero. Não quero mais estar em um lugar onde homens árabes possam me atacar, nunca mais! – E liberou desesperados soluços pela primeira vez em muito tempo.

– Calma, calma. Você precisa ter cuidado. Não conte para ninguém o que acabou de me contar.

A escritora ficou preocupada com a possibilidade de outras pessoas na vila terem escutado Yasmeena gritar seu desejo de ser judia, ser israelense, o povo mais odiado do mundo pela maioria dos árabes. Mas Yasmeena não conseguia se acalmar enquanto a escritora lhe sussurrava palavras gentis, e gritou alto como Lana:

– *Não quero ser árabe! Homens árabes estupram e assassinam suas mulheres! Não quero ser árabe! Quero ser judia!*

Então Yasmeena perdeu completamente o controle de suas emoções e caiu sobre a mesa, soluçando tão alto que a equipe médica, preocupada, foi à sala olhar. A escritora tranquilizou a equipe:

– Ela está bem. Está se sentindo mal ao reviver as lembranças. Tudo está bem. Não se preocupem!

Através da neblina de sua dor Yasmeena reconheceu:

– Sei que você está me protegendo. Tenho consciência de que meu próprio povo se voltará contra mim. Mas sei, no fundo do coração, que se alguma mulher tivesse sofrido como eu, concordaria com o que estou dizendo. Como é possível que homens árabes sistematicamente estuprem mulheres árabes? Como podem?

Depois de mais uma hora de choro e conversa, a escritora anunciou que precisava ir, mas pediu que Yasmeena encarecidamente considerasse entrar em contato com sua família no Líbano, pois acreditava que ela só poderia se curar nos braços daqueles que mais a amavam.

Mas Yasmeena havia decidido que nada mudaria seus planos futuros. Abraçou a escritora, agradeceu a ela, e disse que esperava que a história do circo-prisão e das mulheres inocentes ali confinadas fosse um dia publicada e colocada nas livrarias.

– Vou procurar o livro em Israel – disse a jovem com um sorriso de determinação.

Enquanto Yasmeena voltava para seu confinamento solitário para esperar o nascimento do que acreditava ser um monstro, soltou um soluço alto, depois disse alto o suficiente para a escritora ouvir:

– *Vou* me transformar em judia. *Vou sim!*

Nota da autora

Depois de chegar ao Kuwait para ver com meus próprios olhos os estragos feitos ao país e encontrar pessoas que haviam permanecido durante os longos meses da ocupação, o príncipe herdeiro do Kuwait e o ministro da Informação generosamente me ofereceram algumas histórias que alegavam ter intencionalmente mantido fora do conhecimento de outros jornalistas e autores. Talvez fosse uma maneira de me agradecer por eu ter escrito *The Rape of Kuwait*, o único livro escrito sobre sofrimentos individuais dos kuwaitianos que sofreram a invasão.

E assim, depois de várias semanas no país, tive a oportunidade de me encontrar com moças e mulheres que haviam sido estupradas e estavam grávidas. Fui informada que podia contar livremente as histórias delas, apesar de terem me pedido para não tirar fotos ou identificar por nome as vítimas. Entretanto, podia descrever livremente e por completo o horror das mulheres que sofreram como escravas sexuais.

Apesar de já me sentir arrasada pelas incessantes histórias das perdas kuwaitianas e suas angústias, quando entrei na vila cor-de-rosa que abrigava as moças e mulheres grávidas, fui apresentada a um cenário sem paralelos no país, tamanha dor e tristeza envolvidas.

Assim como havia vários rostos sérios de enfermeiras do Sri Lanka e da Índia, mulheres que amorosamente cuidavam das vítimas estupradas, também fui apresentada a inúmeras moças e mulheres desoladas, com suas enormes barrigas, fonte de muito sofrimento e angústia, em vez da expectativa alegre tão comum a grávidas. Observar a tristeza desses rostos jovens foi como um aviso de que o fundo do poço do meu horror ainda não havia sido alcançado.

Apesar de as mulheres estarem vivendo em uma vila luxuosa mantida pelo governo kuwaitiano, e todas receberem cuidados médicos gratuitos, as faces aflitas me lembraram das fotos que havia visto dos sobreviventes libertados dos campos de concentração da Segunda Guerra Mundial. No decorrer de três dias falei com uma quantidade de mulheres extremamente ansiosas e deprimidas, mas foi a agonia de uma mulher específica, uma mulher chamada Yasmeena, que chamou a atenção do meu coração e da minha alma com a mais trágica história que eu já havia escutado.

Depois de um longo e exaustivo dia ouvindo o testemunho emocionado e desolado daquela angústia e sofrimento pessoal, finalmente me afastei de Yasmeena, caminhando vagarosamente pelo corredor para abrir a pesada porta. Enquanto a deixava, meu coração me sussurrou: "Você irá se lembrar dessa mulher e de suas palavras pelo resto da vida."

E realmente isso é verdade.

* * *

Deixei a vila dos bebês e fui encontrar Soud em seu automóvel, para que ele me levasse de volta ao hotel. Quando fiquei a sós em meu quarto, sentei e li minhas anotações e acrescentei outros comentários. Enquanto relia minhas próprias palavras, fui lembrada que, em um mundo de mulheres corajosas, Yasmeena era uma das maiores que conheci. Sabia que suas escolhas para viver exigiram uma coragem enorme, pois nada poderia ser mais difícil do que sofrer estupros brutais com um sorriso cooperativo.

Mesmo que não fosse necessário anotar nada, pois sabia que o relato de Yasmeena ficaria eternamente gravado em minha mente e em meu coração, mesmo sem nada que me fizesse lembrar, eu queria e precisava continuar ocupada.

Mesmo tarde da noite, e sentindo a exaustão assaltar meu corpo, não conseguia dormir. Em vez disso, caminhava de um lado para outro, da porta para a cama e de lá para o pequeno saguão, com toda uma gama de emoções me assaltando. Sim, eu estava aliviada pelo fato de a guerra ter acabado. Sim, estava feliz pelas prisões estarem vazias. Mas eu sabia que aquelas moças e mulheres que acabara de conhecer ainda eram prisioneiras e, em suas mentes, elas seriam sempre prisioneiras. Podiam se consolar um pouco pelo fato de terem sobrevivido a um inferno sem igual. A vida que teriam pela frente só poderia ser melhor. Ao inferno só se pode ir uma vez. E para aquelas moças e mulheres, essa viagem já fora feita.

* * *

Mais detalhes sobre Yasmeena e Lana

Yasmeena é uma pessoa real e sua história é verdadeira. Lana é uma pessoa real e sua história é verdadeira. Sinto muito não ter conhecido Lana, pois isso significaria que a jovem havia sobrevivido, mas, infelizmente, só a conheço pelas lembranças de Yasmeena dos dias em que as duas compartilharam esse destino infernal.

Yasmeena não conseguiu localizar Lana.

Muitas vezes especulei sobre seu destino. Talvez Lana fosse uma entre os muitos kuwaitianos levados pelos soldados iraquianos para o Iraque. Talvez fosse uma entre os milhares de iraquianos e seus reféns presos na armadilha dos longos comboios que foram pela estrada para Basra – quilômetros e quilômetros de carcaças de veículos queimados na "Rodovia da Morte".

Visitei a "Rodovia da Morte" com Soud A. Al-Mutawa, o gentil gerente de banco kuwaitiano que foi meu motorista e tradutor voluntário. Soud e eu ficamos em silêncio enquanto observávamos a carnificina. Apesar de ambos estarmos contentes pelo fato de o Kuwait estar livre, não achamos nenhuma graça naquela rodovia.

É possível que Lana fosse um daqueles esqueletos calcinados naqueles veículos. Ou talvez tivesse sido executada por seu bestial estuprador antes que ele fugisse do Kuwait. Era o destino mais provável, apesar de ser possível que jamais saibamos seu verdadeiro desfecho.

Quanto aos estupradores, costumo me perguntar: será que foram punidos por seus crimes? Talvez sim. Talvez não. Se conseguiram chegar em segurança de volta às suas cidades ou aldeias no Iraque, jamais foram punidos. Mas também podem ter morrido sob as bombas aliadas. Talvez seus restos estejam em alguns dos veículos destroçados na infame "Rodovia da Morte".

Jamais saberemos do destino deles, a menos que se reconheçam nas páginas deste livro e admitam seus crimes. Isso é algo que não acredito que acontecerá, apesar de que ficaria muito satisfeita se tais confissões fossem feitas. Gostaria de fazer apenas uma pergunta ao Capitão de Yasmeena, um homem que nasceu de uma mulher, casou com uma mulher e era pai de filhas: como é possível que ele abusasse de mulheres inocentes?

Conheci Yasmeena no Kuwait, depois da guerra, exatamente como descrevo neste livro. Foi a única vítima de estupro que estava sinceramente ansiosa para compartilhar os detalhes mais íntimos de como era ser brutalmente estuprada, dia após dia, noite após noite. Outras vítimas estavam mais resguardadas, relutantes em revelar os aspectos mais particulares dos abusos sexuais, apesar de reconhecerem que haviam sido mantidas presas e repetidamente estupradas.

E assim sentei e ouvi, escutando os menores detalhes desbordarem de Yasmeena. Ela não os poupou, descrevendo os homens que foram seus carcereiros, as mulheres que estavam presas, os detalhes dos atos sexuais tão violentamente cometidos contra as mulheres.

Escutei tudo, e fiquei humilhada pela força de todas elas, mas me comovi mais com a força que a muito jovem Lana demonstrou ao lutar contra seu estuprador com todas as suas forças. Também fui inspirada pela habilidade que Yasmeena demonstrou ao enganar seu estuprador e sobreviver. Ela era forte e esperta. Devia ser homenageada por conseguir salvar a própria vida e viver para contar uma história que ninguém jamais conheceria se não fosse sua força para sobreviver.

Lamento ter sido incapaz de escrever esta história real durante muito tempo. No começo, a história era tão fresca, tão nova, tão dolorosa... e receei que Yasmeena fosse identificada por alguém que trabalhou na vila dos bebês. E se seu nome verdadeiro fosse dado para a imprensa investigativa?

Se algo assim acontecesse, Yasmeena podia ter sucesso em fazer algo que já havia tentado várias vezes antes. Poderia se suicidar. E eu achava importante dar àquelas mulheres um tempo de convalescença, um tempo para que retomassem suas vidas.

Mas também havia outra razão. Apesar de ser uma mulher forte, achei que não teria forças para contar essa história horrível. Achava o assunto todo incrivelmente doloroso. Em vez disso, voltei para os Estados Unidos e escrevi o livro *Princesa: a história real da vida das mulheres árabes por trás de seus negros véus*. Eu conversava sobre esse livro com a princesa Sultana desde os meados dos anos 1980, vários anos depois de conhecê-la em Riad, na Arábia Saudita.

Escrevi outros livros, dez no total, mas mesmo enquanto escrevia os nove livros depois de *The Rape of Kuwait* sempre guardei as imagens e os pensamentos de Yasmeena em minha mente. Jamais esqueci dela, ou de Lana, ou das outras mulheres estupradas.

Não tenho respostas para todas as minhas perguntas, mas sei dessas coisas:

As mulheres na vila deram à luz seus bebês depois que o governo kuwaitiano decretou que não seria permitido o aborto. Sei, então, que Yasmeena deu à luz o bebê do Capitão. Soube por um amigo no governo do Kuwait que o bebê era homem. E me disseram que foi entregue para ser criado em um orfanato, tal como a maioria dos bebês nascidos dos estupros de guerra.

Mas o que aconteceu com Yasmeena após o parto? Será que regressou ao Líbano, para junto de sua amorosa família? Fui informada que Yasmeena deixou o Kuwait três semanas após o parto e que seu voo era para Beirute. Assim, creio que ela tenha voltado para a família.

É possível que tenha tentado ingressar em Israel? Acho que não, porque acredito que Yasmeena não queria mesmo dizer o que disse quando alegou odiar tudo que fosse árabe e expressou o surpreendente desejo de se tornar judia. Yasmeena desabafava no auge de sua dor.

Ela era uma mulher tão formidável que às vezes me pergunto se não tentou vingar-se pessoalmente de seu estuprador. Afinal, ela alegava saber seu nome verdadeiro e o nome da aldeia dele no Iraque. Tive visões da poderosa Yasmeena rastreando o Capitão até sua aldeia e buscando uma vingança pessoal pelos horrendos atos cometidos contra ela e outras mulheres.

No início de 2010, eu me sentia ainda mais assombrada pelas lembranças de Yasmeena e Lana. Deixei esses pensamentos de lado, pensando que jamais teria forças para reviver as histórias que me contaram.

Então, um dia eu me sentei diante do computador para continuar a escrever a história das minhas muitas aventuras para salvar animais da tortura e do abuso. Algo me fez abrir um novo arquivo e comecei a escrever sobre um assunto sobre o qual não tinha a menor intenção de trabalhar. Surpreendi-me quando, sem pensar, comecei a escrever sobre uma libanesa chamada Yasmeena. As lembranças de tudo que ela havia me contado me fizeram sentir afiada e decidida como no dia em que a conheci. Meus dedos voavam pelo teclado, de modo muito parecido com a forma como a história de Yasmeena havia irrompido de dentro dela naquele dia na Cidade do Kuwait.

Meu desejo é que Yasmeena tenha voltado para o Líbano e se reunido à sua família. Meu desejo é que tenha se apaixonado e casado. Meu desejo é que agora seja mãe de filhos amados. Meu desejo é que viva uma boa vida e que tenha aprendido a lidar emocionalmente com os horrores pelos quais passou no circo-prisão na Cidade do Kuwait.

Meu desejo é que Yasmeena veja este livro em uma livraria no Líbano e que saiba que jamais foi esquecida por esta escritora e, agora, pelo mundo.

Jean Sasson
Julho de 2013

Apêndice A

Estupro de guerra: o que as mulheres sofrem

Não escrevi um livro sobre o Iraque ou o Kuwait. Escrevi um livro sobre homens e mulheres, guerra e estupro. Estupros já ocorreram com outras mulheres em outros conflitos, e, de fato, o estupro como subproduto ou instrumento de guerra ocorre com mais frequência do que gostaríamos de admitir. O estupro de mulheres durante conflitos armados acontece desde o início da civilização. No momento em que escrevo estas palavras, muitas moças e mulheres mundo afora estão sofrendo estupros, torturas e gravidezes forçadas. Apesar de rapazes e homens também serem estuprados, as mulheres são as vítimas mais frequentes desse crime, e, além disso, há consequências maiores para mulheres estupradas e engravidadas.

O estupro é assunto delicado em qualquer país. É o mais íntimo dos crimes, violando tudo o que a humanidade mais preza, inclusive a proteção de filhas, esposas, mães e irmãs. Mas o crime de estupro é particularmente delicado no mundo muçulmano, no qual a virgindade feminina é protegida pela religião, pelos costumes e pela cultura. Toda a comunidade vigia a castidade de suas mulheres.

Existe também uma segunda e perigosa complicação para as vítimas de estupro: muitas vezes elas são consideradas culpadas pelo ato. Em muitos casos, as vítimas sobrevivem ao estupro, mas não sobrevivem às reações violentas da família e da comunidade. Algumas vítimas podem ser aprisionadas, ou mesmo assassinadas. E isso sob o pretexto cruel de crime de honra, quando as famílias acreditam que não podem enfrentar as críticas da comunidade e que outros membros da família serão desonrados se permitirem que a mulher estuprada viva.

Por esses motivos, qualquer escritor que revele histórias de vítimas de estupro deve tomar precauções extraordinárias para proteger as vítimas.

Só para que não esqueçamos, houve muitos crimes infames de estupro de guerra, incluindo na China durante a Segunda Guerra Mundial, na Alemanha, depois da Segunda Guerra Mundial, na Bósnia, na África e no Iraque. A menos que a psique do homem mude radicalmente durante a guerra, haverá muitas outras mulheres inocentes submetidas à brutalidade do estupro de guerra.

Esta história é atemporal, porque existem milhares de mulheres que neste momento sofrem o mesmo tipo de brutalidade que Yasmeena e Lana sofreram.

Orem, rezem por elas.

Apêndice B

Palavras da iraquiana Mayada Al-Askari

Meu nome é Mayada Al-Askari, e minha vida foi retratada no livro *Mayada, filha do Iraque.*

Sou completamente iraquiana, nascida de duas proeminentes e bem conhecidas famílias iraquianas. Meu avô paterno foi o general Jafar Pasha Al-Askari, homem brilhante que serviu cinco vezes como ministro da Defesa, primeiro-ministro e foi duas vezes embaixador iraquiano em Londres. Nasceu em Bagdá e foi educado no Colégio Militar Turco, em Constantinopla. Enquanto vivia em Londres, também prestou exames para exercer a advocacia. Durante a Primeira Guerra Mundial, meu avô recebeu muitas honrarias por suas habilidades militares, inclusive a Cruz de Ferro Alemã, assim como a condecoração de Companheiro de St. Michael e St. George, outorgada a ele diretamente pelo famoso general Allenby. Meu avô lutou, de início, ao lado dos alemães e dos turcos, até que muitos de seus amigos foram cruelmente assassinados pelo sultão do Império Otomano. Na ocasião, ele se convenceu a passar para o lado dos britânicos e lutar pela libertação das nações árabes das garras do Império Otomano, que havia governado brutalmente as terras árabes por quinhentos longos anos. Quando de sua prematura e trágica morte por assassinato, o obituário foi escrito por Sir Winston Churchill.

Meu avô materno foi Sati Al-Husri, tão inteligente que, quando estudava, completava dois anos de formação em apenas um ano. Ele se formou na Escola Real Shahany, em Istambul, na época a escola mais elitizada da região, graduando-se em ciência política. Nessa época, sua fama como gigante intelectual havia chegado aos ouvidos do sultão do Império Otomano, e meu avô, então muito jovem, foi nomeado governador de Bayna e de Koniya, na Iugoslávia. Também foi selecionado pessoalmente pelo sultão para dirigir o sistema educacional do Império Otomano.

Meu avô teve tanto sucesso em suas empreitadas educacionais que depois da queda do sultão foi também honrado pelo novo presidente da Turquia moderna, Mustafá Kemal Ataturk, que costumava repetir: "Meu único desejo é governar a Turquia com a mesma excelência que Sati Al-Husti administrava suas escolas."

Na medida em que se passaram os anos, meu avô Sati ficou conhecido como o principal nacionalista árabe, sempre acreditando que as terras da Arábia deviam ser governadas sem estar sujeitas ao domínio de ocupantes estrangeiros. Vovô Sati era um famoso escritor e seus escritos vivem até hoje. Poucos foram os países árabes que visitei que não tenham dado seu nome a ruas ou escolas.

Naqueles dias, quando meu país era governado pelo sultão, os iraquianos proeminentes eram educados na Turquia, mas seus corações permaneciam em seu lar, a Mesopotâmia. Com a derrota dos otomanos na Primeira Guerra Mundial, o recém-formado e nomeado país, o Iraque, passou a aparecer nos mapas-múndi. Meus avôs ficaram exultantes, pois tudo o que desejavam era liberdade e governos confiáveis. Assim, ambos eram devotos do rei Faisal I, nomeado rei do Iraque. Enquanto vovô Jafar Pasha lidava com assuntos militares e governamentais, vovô Sati estava envolvido em todos os aspectos do sistema educacional, assim como na salvação das antiguidades da nossa antiga terra.

É muito triste, mas sabemos que os iraquianos passaram momentos conturbados depois daquele início brilhante, passando por assassinatos e violentas turbulências governamentais, ditadores e ocupação estrangeira. De fato, meu avô Jafar Pasha foi um dos primeiros assassinados por oficiais militares rebeldes que colocaram o país em uma trilha violenta.

Amo meu país, amo meus conterrâneos e conterrâneas. Mas sei que muitos erros foram cometidos, e que houve muita violência, não apenas contra os vizinhos do Iraque, mas também por parte de iraquianos contra outros iraquianos. Sob o regime de Saddam Hussein, não posso negar que houve muitos iraquianos inocentes torturados e assassinados. Conheci o lado de dentro de uma prisão iraquiana quando fui presa sob falsas acusações e testemunhei com meus próprios olhos as crueldades que os guardas iraquianos cometeram contra mulheres inocentes. Se acaso Saddam não admirasse os ensinamentos de autodeterminação do meu avô Sati Al-Husri, e respondesse favoravelmente à filha de Sati – Salwa, minha mãe –, eu também poderia ter perecido em uma prisão iraquiana.

Assim, quando minha amiga Jean Sasson confidenciou que escrevia um livro que poderia me afetar, um livro sobre as mulheres capturadas no Kuwait e mantidas como prisioneiras sexuais pelos soldados iraquianos, pediu que eu o lesse. Ela me perguntou se, caso eu concordasse que o crime de estupro na guerra deveria receber mais atenção, não importa quem cometesse o crime, eu poderia fazer um comentário. O fato de ser uma iraquiana que ama seu país daria muito peso à minha opinião, segundo Jean.

Por várias razões, não hesitei um segundo. Amo Jean Sasson sinceramente, como minha amiga mais querida no mundo. Ela, para mim, é parte da minha família e tem sido assim desde que a conheci, em 1998, quando ela viajou pelo Iraque para ver de perto os efeitos devastadores das sanções das Nações Unidas contra os cidadãos iraquianos. Há muitos anos que é uma boa amiga, uma amiga honesta. Também admiro a habilidade de Jean como autora. Ela trata de histórias sobre pessoas que não são celebridades, e que poucos autores consideram importantes, alegando que cada ser humano vivo deveria ter sua voz, e ter o direito de que suas histórias fossem conhecidas. Ela é uma humanista, cuidando de todos os seres humanos, sejam homens ou mulheres, adultos ou crianças. Testemunhei suas ações solidárias em hospitais do Iraque quando visitou meu país em julho de 1998, quando criancinhas morriam apenas porque os médicos iraquianos não tinham acesso a remédios por causa das sanções das Nações Unidas.

Sei que Jean realmente se importa com todos os seres humanos sofredores e gostaria de corrigir todos os erros do mundo.

Jean estava, de fato, certa de que esta história sobre soldados iraquianos sequestrando e estuprando mulheres durante a ocupação do Kuwait iria me perturbar. Confesso que temi ler as verdadeiras histórias das atrocidades impostas àquelas mantidas cativas no Kuwait, e por homens do meu próprio e amado país. No entanto, sabia que Jean só escreveria a verdade, da qual havia tomado conhecimento em seu tempo no Kuwait, encontrando-se com as mulheres. Também compreendi, pelo tempo que passei na prisão, que alguns homens podem ser excepcionalmente cruéis. A nacionalidade não tem qualquer efeito nesse crime. Também compreendi que, em épocas de guerra, alguns homens consideram as mulheres recompensas, disponíveis para serem tomadas. Isso acontece em todas as guerras, e com homens de todas as nações. Não há exceções. Por esse motivo, concordo quando Jean diz que essa história deve ser contada, e que as nações deveriam se unir para trabalhar contra esse flagelo às mulheres.

Apesar de esta história, em particular, ser sobre como homens do meu amado país usaram seu poder para subjugar e machucar mulheres, acredito que não existem exceções e que os homens do meu próprio país deveriam ser punidos, tal como qualquer homem que cometa esses crimes brutais, sejam eles iraquianos, norte-americanos, britânicos ou kuwaitianos, ou qualquer homem de qualquer país do mundo.

Acredito que esta história angustiante deve ser lida por todos os adultos, de qualquer nacionalidade.

Considero *A escolha de Yasmeena: uma história real de guerra, estupro, coragem e resistência* um livro importante e inesquecível. E acredito, honestamente, que todas as pessoas sensíveis e pensantes concordarão comigo.

Mayada Al-Askari
Julho de 2013

Mayada Al-Askari é repórter do altamente respeitado jornal Gulf News, *de Dubai. Ela foi retratada no livro* Mayada, filha do Iraque, *que trata do período que ela passou em uma conhecida prisão iraquiana. A Sra. Al-Askari publicou recentemente um livro de não ficção,* In the King's Garden, *que conta muitas envolventes histórias pessoais sobre a distinta família de Mayada, desde o dia de sua formação, além de apresentar relatos interessantes e verdadeiros sobre a família real do Iraque.*

Apêndice C

Sobre o kuwaitiano Soud A. Al-Mutawa

Gostaria de apresentar meus leitores a Soud A. Al-Mutawa. Soud é um kuwaitiano muito digno, que ganha a vida trabalhando no sistema bancário do Kuwait. É um indivíduo atraente e simpático que estava no Kuwait com a esposa e o filho pequeno no dia 2 de agosto de 1990, quando o país foi invadido. Todos permaneceram no Kuwait durante toda a ocupação. Quando o Kuwait foi liberado, no dia 26 de fevereiro de 1991, Soud ficou aliviado e feliz por ter sobrevivido com sua família durante uma invasão militar extremamente perigosa e a ocupação. Muitos kuwaitianos não tiveram essa sorte.

Logo depois da libertação do Kuwait, funcionários do governo kuwaitiano, jornalistas e escritores chegaram ao país no "Voo da Liberdade", oriundo dos Estados Unidos. Na ocasião, pediu-se a alguns kuwaitianos que se apresentassem como voluntários, cedendo seu tempo para acompanhar os visitantes pelas áreas afetadas e encontrar vítimas da ocupação. Foi quando Soud foi designado para me acompanhar pelo país. Uma segunda voluntária, uma estudante chamada Muna, deveria nos acompanhar. Quando conheci Soud, e mais tarde Muna, instintivamente me senti em boas mãos. Ambos pareceram ter muita boa vontade e sabiam de tudo o que acontecera no Kuwait durante os longos meses de ocupação.

De fato, muitos kuwaitianos apresentaram-se com muita boa vontade para serem guias, desejando que jornalistas e escritores de todo o mundo testemunhassem e ouvissem dos sobreviventes o que havia acontecido com os kuwaitianos comuns durante aquele período calamitoso. Os kuwaitianos que conheci tinham esperanças de que a verdade sobre a ocupação gerasse um entendimento mundial sobre as brutalidades das ocupações militares e, se possível, ajudassem a evitar futuras guerras.

Nas três semanas que passei no Kuwait, Soud e Muna esforçaram-se bastante para assegurar que eu tivesse conhecimento dos crimes contra o Kuwait e os kuwaitianos. Soud, em especial, ocupou-se em garantir que eu encontrasse com muitos kuwaitianos e compreendesse suas histórias particulares. Desse modo, fui apresentada a muitas pessoas. As pessoas que conheci, as histórias que me contaram, eram tão vívidas que, mesmo após tantos anos, lembro-me nitidamente das pessoas e dos sofrimentos pessoais que compartilharam comigo.

Soud me escoltou para encontrar kuwaitianos cujos filhos foram torturados e mortos por fazerem parte da resistência contra os ocupantes. Soud tomou a iniciativa de promover outras reuniões com kuwaitianos que haviam sido raptados e levados como prisioneiros para o Iraque. Apresentou-me também a médicos e enfermeiras que ficaram no pais durante toda a ocupação, pessoas que testemunharam os horríveis ferimentos infligidos aos kuwaitianos, e identificaram mortos e executados. Ele até me levou aos cemitérios nos quais infindáveis filas de túmulos coletivos estavam visíveis para todos. Soud esperou comigo no pavilhão Shiakian Al-Farise, em Surra, no Kuwait, onde chegaram mil prisioneiros de guerra de volta ao seu país, e testemunhamos a alegria dos reencontros e o pesar dos que esperaram em vão. (Nota: não podemos esquecer que 605 kuwaitianos, tomados ilegalmente como prisioneiros no último dia da ocupação, jamais retornaram às suas famílias.)

Quando surgiu uma oportunidade para entrarmos no sul do Iraque, fiquei ansiosa para ir. Suspeitei que Soud poderia recusar, já que era o responsável por minha segurança. Para minha surpresa, ele também estava disposto a enfrentar essa aventura, entrando sem autorização no sul do Iraque. Os militares americanos nos disseram várias vezes para sair dessa área, que era incrivelmente perigoso sair da Cidade do Kuwait, mas descobri que Soud era páreo para meu temperamento aventureiro, de modo que continuamos insistindo até os militares americanos aceitarem nossa presença ali, chegando a nos oferecer uma caneca de chá e a nos convidar para sentar um pouco. Foi então que pudemos encontrar pessoas do povo iraquiano que também tinham esperanças na queda do governo de Saddam, pois eles, também, sofreram muito sob o governo do ditador.

Na viagem de retorno do Iraque ao Kuwait, paramos pelo caminho para conversar com os preocupados refugiados na fronteira. Ouvimos munição explodindo, pois havia muitas minas terrestres espalhadas pelas cidades e pelo campo, tornando perigosas todas as viagens. No campo de refugiados encontramos pais em pânico e crianças desesperadas. Eu mesma resgatei um cachorrinho abandonado ao sofrimento. Sob os protestos de Soud, insisti para que o filhote voltasse conosco ao Kuwait. Soud não parecia muito feliz com a ideia de o animalzinho viajar em seu automóvel. Eu havia batizado o cãozinho de "Kuwait", e preocupava Soud com meus suspiros pesados e meu temor sobre onde o filhote moraria, já que eu estava em um hotel. Soud, definitivamente, não queria oferecer seu lar. Mas no percurso de volta para a Cidade do Kuwait detectamos um acampamento de soldados americanos no deserto e paramos para ver o que estava acontecendo com aqueles homens. Os soldados ficaram espantados mas felizes ao encontrar uma americana no meio do deserto entre o Iraque e o Kuwait, e ao saudar um sobrevivente kuwaitiano, pois não lhes haviam permitido entrar na Cidade do Kuwait. Os jovens soldados ficaram felizes ao saber que eu havia batizado o filhote de Kuwait, e logo se reuniram ao seu redor, dizendo que ele seria seu mascote e que o levariam para a Alemanha quando fossem retirados do país, na semana seguinte. Assim, deixamos Kuwait, o filhote, com os soldados americanos. Percebi que Soud ficou contente por outras pessoas assumirem a responsabilidade pelo animalzinho.

Tivemos outro dia excitante quando viajávamos pelo deserto fora da Cidade do Kuwait e encontramos outros membros do exército americano, e até comemos da comida deles, a MRE (refeição pronta para comer), da qual o mundo ouvira falar. Soud, juntamente com os soldados, ficou estupefato quando confessei minha imensa alegria com aquela MRE, até que confidenciei, entre garfadas de comida, que desde que havia chegado ao país comera somente bolachas e doces. O hotel ainda não tinha eletricidade ou água e, portanto, o restaurante não estava aberto. E também não havia onde preparar qualquer comida. Assim, estava me alimentando apenas das comidinhas que havia levado para presentear as crianças kuwaitianas. Na verdade, andei com muita fome por muitos dos dez dias que passei no país. Soud estava pasmo por eu andar com fome e disse que arranjaria as coisas para que eu tivesse comida. Balancei a cabeça com descrédito, pois não pedira comida a ninguém do país por acreditar que os kuwaitianos deviam estar com poucos suprimentos.

Mais tarde, Soud me apresentou a um gerente de banco conhecido seu, um homem calmo, mas corajoso, que aguentou ter os dedos da mão cortados até não ter outra escolha senão abrir o cofre do banco no qual trabalhava.

Um dos momentos mais tocantes foi encontrar crianças deficientes em uma casa especialmente a elas destinada. Durante a ocupação, essas crianças, juntamente com seus cuidadores, foram expulsas do edifício onde moravam. Ferozmente protegidas pela equipe, todas as crianças sobreviveram. Quando visitamos o prédio com o dirigente principal da organização, inspecionamos todos os cinco andares do edifício, notando os estragos deixados pelos ocupantes. Enquanto estávamos parados no teto do edifício, ouvimos ruídos suspeitos. Naqueles primeiros dias depois da libertação do Kuwait soubemos que era comum alguns soldados iraquianos continuarem escondidos em vários edifícios, depois de terem perdido a retirada de seu exército. Soud e o proprietário/administrador da casa para crianças pareciam maravilhados e riram quando eu não fugi, mas sim me armei com uma barra de metal e caminhei na direção do ruído. Éramos uma boa unidade, pois Soud imediatamente se colocou a meu lado, também pronto para lutar. Felizmente, não encontramos nenhum soldado iraquiano, apesar de acreditar que teríamos formado uma equipe formidável.

Fiquei bastante feliz com a reunião com membros da resistência kuwaitiana, pois, até então, havia encontrado apenas pais e irmãos que haviam perdido filhos e parentes para o exército de ocupação. Fiquei alegre com nossa celebração e duplamente surpresa ao ver que os combatentes tinham cópias do meu livro *The Rape of Kuwait.*

Uma das visitas mais comoventes ocorreu já no final da minha visita ao Kuwait. Um membro do governo contou a Soud que eu era a única escritora a ter acesso à casa que abrigava mulheres que haviam sido estupradas e engravidadas pelos ocupantes. Suponho que isso foi uma espécie de agradecimento por *The Rape of Kuwait*, o único livro que contou as histórias dos kuwaitianos e de pessoas de outras nacionalidades que escaparam do país após a invasão e ocupação. Foi uma visita assombrada, pois aquelas mulheres eram as únicas pessoas no Kuwait que não conseguiam achar nada com o que se alegrar. A tristeza delas era contagiante, e Soud e eu ficamos chocados com seus dilemas pessoais. São essas as histórias verdadeiras que vocês conhecerão ao ler este livro.

Houve muitas outras aventuras durante essas semanas, número demasiado grande para que eu conte todas, incluindo uma passagem muito triste pela "Rodovia da Morte", que saía do Kuwait de volta para o Iraque, e onde vimos evidências de mortes em massa.

Durante essas semanas no Kuwait e o tempo que passei com Soud, acredito que ele chegou a perceber que eu não estava ali apenas pelas histórias. Durante toda minha vida fui "interessada pelas pessoas" e realmente sentia muito pelo sofrimento dos kuwaitianos e de outros que haviam sido afetados de maneira adversa pela invasão e ocupação iraquiana.

Depois de sair do Kuwait, mandei a Soud cópias das fotografias que havia tirado. Soud e eu nos contatávamos de tempos em tempos, e ele me disse que muitas vezes olhava minhas fotos para reviver aquele tempo trágico, mas excitante. Nunca perdi o interesse por Soud, sua família, ou pelos outros kuwaitianos que conheci. Mas, com o passar dos anos, perdemos o contato.

Ano passado, entrei em contato com ele. Eu queria saber como estava aquele corajoso homem e quão numerosa já era sua família. Fiquei feliz ao saber que todos estavam bem, e surpresa por Soud e a esposa já serem orgulhosos avós. Para mim, o corajoso Soud será sempre jovem. Pedi e recebi da esposa e da filha dele fotos daquela bela família.

Há pouco tempo, eu o procurei novamente. Dessa vez, eu tinha algumas questões sobre as mulheres grávidas que havíamos conhecido na vila. Havia vários pontos que não estavam claros para mim, e Soud ajudou a reavivar minha memória.

Eu podia sentir que Soud preferia que eu não abordasse esse assunto, por várias razões: os anos passaram e os kuwaitianos movimentavam-se para restaurar seu país e curá-lo. Além disso, e mais importante, é que o estupro é um assunto muito delicado, principalmente no mundo muçulmano. Ao mesmo tempo que considerava doloroso reviver aqueles dias de horror e perda, sentia também que essa história importante não deveria ser ignorada, a despeito do fato de eu ter sido incapaz de escrever os relatos por muitos anos.

Mesmo assim, Soud me ajudou e me desejou o melhor, pois sabia que durante a época em que o Kuwait precisou de ajuda fui uma boa amiga do país e dos kuwaitianos. Nenhum kuwaitiano que conhecemos naqueles dias seria capaz de dizer o contrário.

Apêndice D

Kuwait – Cronologia

Século XVII – A área hoje conhecida no mundo como Kuwait, que é a parte noroeste da península Arábica, torna-se parte do vasto Império Otomano.

Século XVIII – Colonos do interior da península Arábica viajam até o local da atual Cidade do Kuwait. O assentamento passa por dificuldades, mas vagarosamente se transforma em um centro comercial movimentado.

1756 – Uma família específica, a Al-Sabah, ganha o controle da área. Com o tempo, os Al-Sabah conseguem fazer um acordo com os governantes do Império Otomano por uma semiautonomia.

1899 – O xeque Mubarak, "o Grande", é um governante extremamente forte e luta para romper com o Império Otomano. Consegue um acordo com o Império Britânico para que este torne o pequeno reino um protetorado. Em troca da proteção naval, a Grã-Bretanha recebe o controle dos negócios estrangeiros do Kuwait.

1937 – Reservas de petróleo são descobertas pela US-British Kuwait Oil Company. Antes que a indústria petrolífera possa se desenvolver completamente, irrompe a Segunda

Guerra Mundial. Mas quando a guerra termina, o desenvolvimento da indústria petrolífera traz grandes riquezas para a nação.

1951 – Os cidadãos kuwaitianos alcançam um padrão de vida elevado graças à grande riqueza trazida pela indústria petrolífera.

Junho de 1961 – O Kuwait proclama sua independência e termina com 62 anos de protetorado inglês. O xeque Al-Sabah torna-se emir Al-Sabah. Nessa ocasião, o Kuwait é incorporado à Liga Árabe.

1961 – O Iraque assusta o Kuwait e a Grã-Bretanha ao alegar que o Kuwait, por direito, pertence ao Iraque. Quando o exército britânico intervém, o governo iraquiano retira tais alegações.

1963 – O governo kuwaitiano redige uma Constituição e proclama eleições para eleger uma Assembleia Nacional.

1976 – O emir Al-Sabah discorda da interferência da Assembleia e dissolve a Assembleia Nacional eleita.

1980 – Irrompe a guerra entre o Iraque e o Irã. O governo kuwaitiano preocupa-se com o perigo da maioria xiita iraniana, e proporciona apoio financeiro e psicológico a Saddam Hussein e ao Iraque. Cidadãos kuwaitianos manifestam apoio total ao Iraque.

1981 – O emir Al-Sabah reconvoca a Assembleia Nacional.

1985 – Agitação e problemas de segurança surgem no Kuwait em função da prolongada guerra entre Iraque e Irã. O Irã tenta criar turbulências na minoria xiita do Kuwait. Nessa ocasião, o governo kuwaitiano ordena que milhares de expatriados iranianos abandonem o Kuwait.

1986 – A Assembleia Nacional kuwaitiana é dissolvida mais uma vez.

Julho de 1990 – O presidente do Iraque, Saddam Hussein, esgota o tesouro iraquiano durante a guerra entre Irã e Iraque e apela para que o Kuwait perdoe todas as dívidas de guerra. O governo kuwaitiano recusa. Saddam protocola queixa junto à OPEC, acusando o Kuwait de roubar petróleo iraquiano de campos próximos à fronteira iraquiana. Saddam ameaça com ação militar.

2 de agosto de 1990 – O Iraque invade o Kuwait. O governo kuwaitiano consegue recuar para a Arábia Saudita, de onde continua a funcionar a partir de Taif, cidade saudita. Saddam incorpora o Kuwait ao território iraquiano.

Agosto/setembro/outubro de 1990 – Jean Sasson viaja para Londres, Cairo e Taif, na Arábia Saudita, para se encontrar com sobreviventes kuwaitianos da invasão iraquiana de agosto. É uma das poucas escritoras a entrevistar o emir do Kuwait e o príncipe herdeiro.

15 de janeiro de 1991 – O livro *The Rape of Kuwait*, de Jean Sasson, destacando experiências de pessoas que escaparam do país no dia da invasão, é publicado nos Estados Unidos. Instantaneamente, o livro torna-se um best-seller, alcançando a segunda posição na lista do *New York Times*.

Janeiro de 1991 – As Nações Unidas aprovam resolução ordenando que o Iraque se retire do Kuwait. Saddam Hussein recusa. Os Estados Unidos lideram a campanha apoiada pelas Nações Unidas e bombardeiam as forças iraquianas no Kuwait e no Iraque.

Fevereiro de 1991 – Saddam ordena que seus homens incendeiem os campos petrolíferos do Kuwait. O exército obedece, colocando fogo nos campos petrolíferos kuwaitianos enquanto se retiram do país.

26 de fevereiro de 1991 – O exército iraquiano abandona o Kuwait. Na retirada, soldados inimigos sequestram cidadãos kuwaitianos como reféns, levando-os na retirada militar. Acredita-se que alguns kuwaitianos pereceram no ataque à "Rodovia da Morte", na retirada do Kuwait. Outros são aprisionados, regressando mais tarde por ordem das Nações Unidas. Mas 605 kuwaitianos desapareceram para sempre nas prisões de Saddam.

Fevereiro de 1991 – Após a retirada do exército iraquiano, forças aliadas chegam à Cidade do Kuwait. O país inteiro irrompe em celebrações de massa.

13 a 16 de março de 1991 – O governo kuwaitiano patrocina o **VOO DA LIBERDADE PARA O KUWAIT**. A autora Jean Sasson é convidada a participar, e permanece no país por três semanas após o **VOO DA LIBERDADE** regressar aos Estados Unidos.

Março de 1991 – O emir Al-Sabah regressa ao Kuwait, decretando um período de três meses de lei marcial.

21 de março de 1991 – Aproximadamente mil prisioneiros de guerra kuwaitianos regressam ao Kuwait. Parentes dos desaparecidos reúnem-se na SURRA do Pavilhão Shiakan Al-Farise para receber os sobreviventes. Jean Sasson é escoltada até ali por Soud A. Al-Mutawa, e ambos conversam com famílias e sobreviventes, e consolam famílias que esperaram em vão.

1992 – O emir Al-Sabah permite eleições para a Assembleia Nacional. Todos se surpreendem quando candidatos de oposição recebem muitos votos.

1993 – As Nações Unidas estabelecem a nova fronteira Kuwait-Irã. Saddam ordena ataques ao Kuwait a partir da fronteira. Os Estados Unidos despacham tropas para o local.

1994 – As Nações Unidas pressionam o Iraque para formalizar o reconhecimento da independência do Kuwait e as novas fronteiras estabelecidas pelas Nações Unidas.

1999 – Depois de eleições, os aliados ao governo e a família Al-Sabah ficam chocados quando os islamitas dominam a nova Assembleia.

2000 – No decorrer dos anos, o governo kuwaitiano e um comitê especial apelam por ações a respeito dos 605 kuwaitianos desaparecidos que acreditam estar no Iraque. O governo iraquiano nega tudo, mas as famílias sabem que seus familiares ou estão nas prisões iraquianas ou foram assassinados pelo regime iraquiano. Um dos desaparecidos é Fayeq Abdul Jaleel (pseudônimo de Fayeq Al-Ayadhi), famoso poeta árabe conhecido em todo o mundo muçulmano e além. O filho de Jaleel, Fares Al-Ayadhi, jamais desistiu de encontrar o pai e continuou sua busca até acharem os restos mortais de Fayeq em uma fossa comum nos desertos do Iraque. Fares está escrevendo um livro sobre a vida de seu pai, um homem que morreu por seu país. (O pai de Fares foi um dos membros mais ativos da resistência kuwaitiana e foi capturado antes da retirada do exército iraquiano.)

2000 – O Kuwait sentencia à morte o governante fantoche pró-iraquiano que ocupou o cargo nos dias da invasão de 1990.

2001 – Os tribunais kuwaitianos comutam a sentença de morte do governante fantoche pró-Iraque, para desolação de muitos cidadãos kuwaitianos.

2002 – Milhares de soldados reúnem-se na fronteira Kuwait-Iraque para a campanha militar conduzida pelos Estados Unidos para derrubar o líder iraquiano Saddam Hussein.

2003 – O emir Al-Sabah nomeia o xeque Sabah al-Ahmad al-Sabah primeiro-ministro. (Isso jamais havia acontecido antes, significando uma divisão de poderes.)

Janeiro de 2005 – Violência irrompe entre a polícia e militantes islamitas, deixando o país em alerta.

Maio de 2005 – O Parlamento aprova lei que permite às mulheres kuwaitianas votar e concorrer ao Parlamento.

Junho de 2005 – Massouma al-Mubarak é nomeada a primeira mulher membro do Gabinete ministerial.

Janeiro de 2006 – Morre o emir xeque Jaber. O príncipe herdeiro xeque Saad o sucede no trono, mas sua saúde precária provoca uma crise governamental e ele é forçado a renunciar. O xeque Sabah al-Ahmad torna-se o novo emir.

Abril de 2006 – Pela primeira vez as mulheres votam em uma eleição, mas não conseguem nenhuma vaga nas eleições parlamentares.

2006 – Fossas comuns são descobertas no Iraque. Muitos dos mortos são identificados como os kuwaitianos desaparecidos (pelo DNA).

Julho de 2007 – Kuwaitianos ficam chocados quando são aconselhados a economizar energia. Seus geradores esforçam-se para atender as demandas do crescimento econômico, alimentado por exportações recordes de petróleo.

Março de 2008 – Discórdia no governo. O emir dissolve o Parlamento dominado pela oposição. Convoca eleições para maio depois que o Gabinete renuncia.

Maio de 2008 – O emir convoca eleições quando seu Gabinete renuncia. Ainda não há mulheres eleitas, e os islamitas ganham mais da metade das cinquenta cadeiras.

Janeiro de 2009 – O primeiro-ministro, xeque Nasser Mohammad al-Ahmad al-Sabah, forma um novo governo depois do caos provocado no Parlamento com a visita de um clérigo xiita.

Fevereiro de 2009 – Os cidadãos kuwaitianos surpreendem-se quando o ministro das Relações Exteriores vai a Bagdá, em uma visita de alto nível. Aquele foi o primeiro encontro formal dos dois governos desde a invasão do Kuwait pelo Iraque em 1990.

Maio de 2009 – As mulheres fazem história quando três delas são eleitas para o Parlamento.

Outubro de 2009 – As mulheres kuwaitianas celebram quando o Tribunal Constitucional declara que elas poderão ter passaportes sem o consentimento dos maridos. Outra decisão oficializa que as parlamentares mulheres não são obrigadas a usar o véu islâmico quando trabalham. A decisão coloca o Kuwait na vanguarda dos direitos femininos na região.

Dezembro de 2009 – O primeiro-ministro sobrevive a uma tentativa da oposição de removê-lo com acusações de corrupção.

Março de 2011 – Inspirados pelos protestos do mundo árabe, muitos jovens manifestam-se pedindo reformas no Kuwait.

Dezembro de 2011 – Surgem protestos contra a corrupção governamental. O emir dissolve o Parlamento.

22 de janeiro de 2012 – O xeque Saud Al-Sabah falece após longa batalha contra o câncer, aos 68 anos de idade, e o Emiri Diwan (Conselho) é anunciado. O xeque era membro da família real do Kuwait e foi embaixador ativo do seu país nos Estados Unidos, e uma das principais vozes apelando pela ajuda internacional após a invasão e ocupação pelo Iraque. Foi sepultado no Kuwait.

Fevereiro de 2012 – A oposição islamita assume o controle do Parlamento kuwaitiano após uma onda de revolta pública ao impasse político. O emir pede ao primeiro- ministro que saia para formar um novo governo.

Maio de 2012 – O emir veta uma proposta de parlamentares para que toda a legislação esteja de acordo com a lei islâmica.

Junho de 2012 – O emir suspende o Parlamento. A mais alta corte de justiça do Kuwait anula os resultados das eleições, reinstalando a Assembleia anterior.

Outubro de 2012 – O emir, mais uma vez, dissolve o Parlamento. Pela quinta vez em seis anos. Milhares reúnem-se contra possíveis mudanças na lei eleitoral. Os kuwaitianos ficam chocados quando uma proeminente figura da oposição critica abertamente o emir, quebrando um tabu. O emir ordena mudanças na lei eleitoral, reduzindo o número de votos por cidadão nas eleições parlamentares, de quatro para um voto. A oposição, então, convoca um boicote às eleições. Dezenas de milhares de pessoas marcham contra as novas regras eleitorais. A multidão é dispersada com gás lacrimogêneo e granadas de efeito moral.

Novembro de 2012 – Milhares de pessoas protestam diante da prisão onde está detido o oposicionista que insultou o emir. A polícia dispersa a multidão com gás lacrimogênio. O emir permanece firme.

Dezembro de 2012 – Os kuwaitianos votam em uma eleição parlamentar regida pelas novas regras. A abstenção é alta.

Junho de 2013 – O Tribunal Constitucional do Kuwait anula as eleições parlamentares de dezembro de 2012, mas aprova a lei eleitoral do emir que provocou o boicote. O tribunal convoca nova eleição para substituir o Parlamento em vigor.

A despeito dos recentes tumultos políticos, a maioria dos observadores concorda que o Kuwait tem um dos Parlamentos mais ativos e a imprensa mais livre do Oriente Médio.

Apêndice E

Iraque – Cronologia

1534 a 1918 – A região agora conhecida como Iraque é parte do Império Otomano.

1920 – A Conferência de Paz dos Poderes Aliados de San Remo endossa o mandato francês e inglês sobre o Oriente Médio.

1921 – O rei Faisal é coroado rei do Iraque.

1927 – Os ingleses acham petróleo em Kirkuk, no Iraque.

1932 – A independência formal é concedida ao Iraque.

1933 – O rei Faisal morre, de causas naturais. Seu filho, Ghazi, é coroado rei.

1936 – Jafar Pasha Al-Askari, ministro da Defesa, é assassinado durante o primeiro golpe militar no Iraque. Sua morte é uma perda enorme para o país recém-fundado.

1938 – Nouri Pasha Al-Said, cunhado e melhor amigo de Jafar Pasha Al-Askari, torna-se primeiro-ministro do Iraque.

1939 – O rei Ghazi morre em um acidente de automóvel. Seu filho de 4 anos de idade, Faisal II, é o sucessor. O príncipe Abd Al-Ilah é nomeado regente.

1941 – Ocorre um golpe militar, e o rei do Iraque e seu primeiro-ministro são forçados a fugir por algum tempo.

1958 - Outro golpe militar tem resultados mais trágicos. O primeiro-ministro e membros da família real, inclusive o rei, são assassinados.

1959 - Mais outro golpe. Foi nesse momento que Saddam Hussein teve que fugir para o Egito.

1968 - Os baathistas retornam ao poder e Saddam Hussein é o segundo em comando.

1979 - Saddam Hussein torna-se presidente. Um de seus primeiros atos presidenciais foi fazer um expurgo de muitos membros do partido Baath.

1980 - Iraque e Irã vão à guerra.

1981 - Israel bombardeia a usina nuclear iraquiana de Osirak, perto de Bagdá.

1987 - Saddam Hussein usa armas químicas contra aldeias curdas, matando milhares. O mundo ignora o ato desumano.

Fevereiro de 1988 - Cessar-fogo formal na guerra entre Irã e Iraque.

Agosto de 1990 - O Iraque invade o Kuwait. A Resolução 660 da ONU exige que Saddam Hussein retire suas tropas. O Iraque anexa o Kuwait como sua 19ª província.

17 de janeiro de 1991 - A Operação Tempestade no Deserto é iniciada.

Fevereiro de 1991 - As tropas iraquianas são totalmente derrotadas.

28 de fevereiro de 1991 - Acertado um cessar-fogo.

Meados de março/começo de abril de 1991 - As populações xiitas do sul e as curdas do norte sentem-se encorajadas com a derrota do Iraque. Iniciam rebelião contra Saddam, que resulta em brutal repressão.

3 de abril de 1991 - A Resolução do Conselho de Segurança da ONU estabelece os termos da paz. Todas as tropas iraquianas estão fora do Kuwait.

Abril de 1991 – Uma zona de segurança é aprovada pela ONU para proteger os curdos. O Iraque é ordenado a terminar todas as atividades militares na área.

Agosto de 1992 – Uma zona de exclusão aérea é estabelecida no sul do Iraque. Os aviões militares do Iraque são proibidos de passar por ali.

Junho de 1998 – Jean Sasson, autora americana (que escreveu *The Rape of Kuwait*) escreve a Saddam Hussein solicitando permissão e visto para entrar no Iraque. Um convite formal é enviado pelo Gabinete de Saddam Hussein.

Julho/agosto de 1998 – Jean Sasson consegue seu visto iraquiano na Missão das Nações Unidas, em Nova York. Viaja para a Jordânia e de lá segue de automóvel para Bagdá, permanecendo três semanas no país, em viagem de pesquisa.

Novembro de 1998 – Todos os inspetores das Nações Unidas são retirados do Iraque.

Setembro de 2002 – O presidente George Bush pede ações contra o Iraque. O Iraque concorda em permitir que inspetores internacionais de armas regressem ao Iraque sem qualquer contrapartida.

Novembro de 2002 – Os inspetores de armas das Nações Unidas regressam ao Iraque respaldados por resolução das Nações Unidas que ameaça sérias consequências se for constatado que o Iraque "quebrou" seus termos.

Março de 2003 – O embaixador britânico na ONU declara terminados os processos diplomáticos no Iraque. Os inspetores de armas são retirados. O presidente dos Estados Unidos, George W. Bush, dá 48 horas para que Saddam Hussein e seus filhos deixem o Iraque ou enfrentem a guerra. Saddam e seus filhos ignoram a ordem.

19 de março de 2003 – A invasão liderada pelos Estados Unidos provoca o fim do governo de Saddam Hussein, e marca o início de anos de conflito violento com diferentes grupos que competem pelo poder.

Julho de 2003 – Um Conselho de Governo nomeado pela ONU reúne-se pela primeira vez. O comandante das tropas norte-americanas declara que suas tropas enfrentam uma guerra estilo guerrilha de baixa intensidade. Uday e Qusay, filhos de Saddam, juntamente com o filho mais novo de Qusay, são mortos em batalha perto de Mossul.

Agosto de 2003 – Caminhões-bomba suicidas destroem a sede da ONU em Bagdá. Um popular enviado da ONU, Sérgio Vieira de Mello, morre no atentado.

14 de dezembro de 2003 – Saddam Hussein é capturado em Tikrit.

Abril/maio de 2004 – Milícias xiitas leais ao clérigo radical Moqtada Sadr começam a lutar contra as forças da coalizão. Os militares norte-americanos reagem e centenas de pessoas são mortas na luta durante o mês de cerco da cidade muçulmana sunita de Fallujah.

Fevereiro de 2005 – Oito milhões de iraquianos votam livremente nas eleições para a Assembleia Nacional de Transição.

Abril de 2005 – No meio da escalada de violência o Parlamento seleciona como presidente o líder curdo Jalal Talabani, e Ibrahim Jaafari, um xiita, é nomeado primeiro-ministro.

Junho de 2005 – Massoud Barzani assume a presidência regional do Curdistão Iraquiano.

Agosto de 2005 – Um projeto de Constituição para o Iraque é endossado pelos negociadores xiitas e curdos. Os representantes sunitas rejeitam o documento.

Outubro de 2005 – Os eleitores iraquianos aprovam a nova Constituição, cujo objetivo é criar uma democracia federal islâmica.

Dezembro de 2005 – Os iraquianos votam pela primeira vez para um governo e um Parlamento desde a invasão liderada pelos Estados Unidos.

Maio/junho de 2006 – A violência sectária custa a vida de mais de cem civis iraquianos por dia, segundo a ONU.

7 de junho de 2006 – O líder da Al-Qaeda no Iraque, Abu Mussab al-Zarqawi, é morto em um ataque aéreo.

Novembro de 2006 – O Iraque e a Síria restauram relações diplomáticas depois de quase um quarto de século. Durante esse período, mais de duzentos morrem vítimas de carros-bomba, principalmente na área xiita de Sadr, em Bagdá, o pior ataque na capital desde a invasão liderada pelos Estados Unidos em 2003.

Dezembro de 2006 – O Grupo de Estudos sobre o Iraque faz relatório ao presidente Bush sobre o futuro da política no país. O relatório descreve a situação do Iraque como grave e em deterioração.

Dezembro de 2006 – Saddam Hussein é executado por crimes contra a humanidade.

Setembro de 2008 – Os Estados Unidos entregam o controle da província ocidental de Anbar. É a primeira província sunita a ser devolvida ao governo iraquiano liderado pelos xiitas.

Novembro de 2008 – O Parlamento iraquiano aprova um pacto de segurança com os Estados Unidos, segundo o qual todas as tropas norte-americanas devem deixar o país no final de 2011.

Janeiro de 2009 – O governo iraquiano assume o controle da segurança na Zona Verde fortificada de Bagdá, assumindo maiores poderes sobre as tropas estrangeiras baseadas no país.

Março de 2009 – O presidente Barack Obama anuncia a retirada da maior parte das tropas norte-americanas para o final de 2010. Uma força de conselheiros sairia no final de 2011.

Junho de 2009 – Seis anos após a invasão, os Estados Unidos retiram-se das cidades e aldeias iraquianas, entregando as tarefas de segurança para novas forças iraquianas.

Janeiro de 2010 – O "Químico" Ali Hassan al-Majid, figura-chave no governo de Saddam Hussein, é executado.

Agosto de 2010 – Sete anos após a invasão liderada pelos Estados Unidos, a última brigada de combate desse país deixa o Iraque.

Outubro de 2010 – Uma igreja em Bagdá é tomada por militantes. Os militantes assassinam 52 cristãos no que é descrito como o pior desastre isolado a atingir os cristãos iraquianos nos tempos modernos.

Agosto de 2011 – A violência aumenta. Acontecem mais de quarenta ataques articulados nacionalmente em apenas um dia.

Dezembro de 2011 – Os militares norte-americanos completam a retirada de tropas.

2012 – Os xiitas são visados pelo país, espalhando temores de um novo conflito sectário. Os números são graves: 200 pessoas mortas em janeiro; 160 em junho; 113 em julho; 70 em agosto; 62 em setembro e 35 em novembro.

Dezembro de 2012 – O presidente Jalal Talabi sofre um acidente vascular, mas se recupera lentamente.

2013 – Ataques sectários continuam se espalhando.

Apêndice F

A história das reivindicações iraquianas sobre o Kuwait

Que dado histórico pode nos ajudar a compreender as antigas reivindicações do governo iraquiano de que o Kuwait deveria ser parte do Iraque?

No final da Primeira Guerra Mundial, houve um pacto secreto entre a Inglaterra e a França, no qual os dois países dividiram o mundo árabe em esferas de influência. Esse pacto foi chamado de Acordo Sikes-Picot e, basicamente, fazia com que a maior parte do Oriente Médio fosse colônia das duas nações.

Com um descuidado uso de sua caneta, o representante da Grã-Bretanha na região, Sir Percy Cox, criou o Iraque moderno. Seu mapa incluiu as províncias de Bagdá, Basra e as regiões curdas do norte, a despeito de o Tratado de Sèvres, de 1920, prometer aos curdos o controle de seu próprio país. Na mesma época, Sir Percy Cox "criou" a Arábia Saudita e o Kuwait. As pessoas que viviam no Iraque acreditavam que suas fronteiras deveriam ser estender até o golfo (até o Shatt-al-Arab), o que incluiria o Kuwait.

Logo que conseguiu sua independência da Inglaterra, o Iraque tentou fazer com que o Kuwait voltasse a ser parte de seu território. O governo iraquiano não teve sucesso.

Depois que o Kuwait se tornou independente em 1961, o presidente iraquiano Abd al-Karim Qassim renovou a reivindicação do Iraque sobre o Kuwait. Os britânicos responderam enviando tropas e conseguindo a ajuda da Liga Árabe. Mais tarde, o Iraque cessou seu boicote à Liga Árabe, e reconheceu formalmente a independência kuwaitiana dois anos mais tarde, em 1963.

Embora o Iraque reivindique o Kuwait como parte de sua nação desde os primeiros dias do Iraque moderno, Saddam Hussein foi o único líder iraquiano cujo exército ocupou formalmente o pequeno país.

A disputa continua. Várias vezes escutei proeminentes iraquianos queixando-se, discretamente, de que o Kuwait devia fazer parte de sua nação. Dizem que as fronteiras entre o Iraque e o Kuwait foram desenhadas na época colonial, pelos poderes coloniais, e que a decisão do Kuwait de ser uma nação soberana não deveria ser mantida.

Apêndice G

"Voo da Liberdade", o voo de regresso ao Kuwait depois da primeira Guerra do Golfo

Sentada em um avião, perpassando nuvens, sou levada novamente para me encontrar com kuwaitianos. Mas neste dia feliz, neste momento mágico, lembranças capturam meus pensamentos, levando-me para outra época, mais sombria, entre setembro e outubro de 1990. Já se passaram sete meses desde que o exército iraquiano irrompeu sobre os kuwaitianos, ocupando e anexando a pequena nação do Kuwait em questão de horas.

Já fazem seis meses desde minha viagem a Londres, Cairo, Riad e Taif, cujo objetivo era entrevistar muitas dessas pessoas apanhadas no Kuwait naquele dia fatídico, um dia que transformou a dinâmica de toda a região.

A maioria dos kuwaitianos que conheci durante minha pesquisa para um livro sobre a invasão iraquiana do Kuwait, escapou da ocupação fugindo para a Arábia Saudita. De lá, muitos continuaram sua jornada, para viver seus dias de exílio no Egito ou em Londres.

Apesar de terem escapado da morte, aqueles que entrevistei sentiam uma dor autêntica, com alguns chegando a chorar a morte de membros da família, e todos em luto pela perda de seu país.

Essas trágicas histórias pessoais tornaram-se parte do pequeno livro *The Rape of Kuwait*. O livro tornou-se um best-seller assim que foi lançado, em janeiro de 1991, alcançando o segundo lugar na lista do *New York Times*. Enquanto *Rape* revelava as histórias dos kuwaitianos que sobreviveram à invasão, eu agora estava interessada em saber o que acontecera com os kuwaitianos que permaneceram no país durante a ocupação de sete meses. Andava pensando neles há muito tempo, e li todas as matérias jornalísticas possíveis sobre a ocupação, assim como vi infindáveis programas de televisão mostrando os eventos no Iraque e no Kuwait.

Numerosas reportagens publicadas a respeito de roubos, estupros e assassinatos me fazem acreditar que os kuwaitianos que permaneceram na terra ocupada enfrentaram muitos desafios que colocavam suas vidas em risco. Muitas vezes me pergunto: que histórias os kuwaitianos têm para compartilhar com o mundo, histórias sombrias que ainda guardam só para si? Saberei isso em breve, pois meu plano é permanecer nesse país maltratado pela guerra depois que a maior parte dos passageiros do Voo da Liberdade regressar aos Estados Unidos. Arrumei minha bagagem para uma estadia de quatro semanas, apesar de poder permanecer por um período maior ou mais curto, dependendo da situação local.

Depois que os exércitos aliados conseguiram arrancar o pequeno Kuwait das garras do enorme exército iraquiano, o Voo da Liberdade foi organizado pela Embaixada do Estado do Kuwait. Esta é a primeira viagem oficial para o país. Tenho certeza de que o governo kuwaitiano teve vários motivos para organizá-la. Pelo que me disseram, o país foi devastado. O governo deseja reconstruir a infraestrutura o mais rapidamente possível. Mas existe uma segunda razão para a viagem, igualmente importante. O governo e o povo do Kuwait desejam revelar ao mundo precisamente quais violações dos direitos humanos ocorreram nos longos meses de ocupação.

E quem poderia culpá-los? O governo e o povo merecem justiça.

Estive pessoalmente envolvida nos assuntos kuwaitianos e iraquianos nos últimos sete meses, e, por isso, estou feliz por ter sido incluída na jornada. Depois de me acomodar, percorro o avião, buscando rostos familiares. Sei que há 146 passageiros a bordo, além da tripulação, porque contei todos os anfitriões e convidados na lista oficial.

Já havia encontrado duas vezes antes o embaixador kuwaitiano nos Estados Unidos, Sua Excelência xeque Saud Nasir Al-Sabah, e vejo apenas alguns outros rostos conhecidos, incluindo Robert Mosbacher, o secretário de Comércio, e sua esposa, Georgette, juntamente com 13 membros do Congresso, de Ohio, Califórnia, Maryland, Oklahoma, Pensilvânia, Rhode Island, Nova York e Texas. Localizo rapidamente o general Alexander Haig, um tipo bronzeado que sorri e conversa com pessoas que não conheço. Lembro de haver visto os nomes de Mortimer Zuckerman e Andrew Young e sei que devem estar na classe econômica. Há também muitos outros convidados, incluindo nomes de destaque na mídia, assim como um grande grupo de executivos representando as maiores companhias dos Estados Unidos.

Localizo o embaixador Al-Sabah conversando com alguns de seus convidados a bordo. Ele também sorri, e está claramente muito feliz por seu país ter sido libertado. E fico contente por ele. Não há dúvida de que os últimos sete meses foram os mais difíceis de sua vida. Com certeza, nenhum diplomata jamais trabalhou tanto para ajudar seu país.

* * *

Lembro-me dos eventos que levaram ao meu primeiro encontro com o embaixador. Consegui a reunião após escrever uma carta pessoal expressando meu pesar pela invasão. Mencionei que havia vivido na Arábia Saudita e estava planejando conhecer e entrevistar pessoas que sobreviveram ao primeiro dia da guerra e deixaram o país, buscando asilo nos países vizinhos.

Minha ideia de entrevistar os sobreviventes foi despertada por uma combinação de preocupação e curiosidade. Vivi muito tempo na região e tenho muitos amigos árabes, de modo que estava realmente preocupada com o que acontecia com as pessoas comuns do Kuwait. Depois de viver 12 anos na Arábia Saudita e viajar pela região, eu era capaz de viajar sozinha pela área e entrevistar os mais afetados.

Mas eu sabia que teria problemas para obter informação sem um documento específico emitido pelo governo do Kuwait. Meu conhecimento sobre os árabes me deixava consciente de que poucos confidenciariam assuntos pessoais importantes para ocidentais que não conhecessem. Pelo menos não fariam isso sem que lhes dissessem que suas histórias pessoais e revelações não desagradariam ao seu governo. Portanto, eu sabia que precisava de uma carta de apresentação do governo do Kuwait. Dessa maneira, entrei em contato com o embaixador, para conseguir essa importante carta de apresentação.

Alguns dias depois de postar minha carta fui surpreendida por uma ligação do embaixador. Ele telefonou para minha casa em Atlanta, na Geórgia. Durante a conversa ele me convidou para ir até Washington. Aceitei o convite e cheguei na cidade alguns dias depois.

O embaixador foi muito prestativo e gentil, concedendo-me uma carta oficial declarando que qualquer kuwaitiano que desejasse me contar suas experiências, devia saber que estava liberado para tal. A carta não indicava se os kuwaitianos deviam confiar ou não em mim.

Depois de viver no Oriente Médio, onde o governo insiste em controlar todos os aspectos específicos da vida, inclusive tudo que fosse divulgado pela mídia, fiquei feliz e aliviada ao descobrir que os governantes kuwaitianos eram diferentes. Com a carta que recebi, ficou claro que não haveria interferência oficial. Os kuwaitianos que eu viesse a conhecer e entrevistar estariam livres para me contar qualquer coisa que lhes causasse desconforto.

Apesar de o embaixador ser um cavalheiro, era muito objetivo, e fiquei surpresa quando ele, preocupado, me confidenciou um assunto pessoal. Disse que sua esposa e alguns de seus filhos haviam regressado ao Kuwait algumas semanas antes da invasão. Temendo por suas vidas, viviam sob nomes falsos. Ele esperava poder retirá-los logo do país. Eu sentia muito por aquela situação. Ele não apenas estava preocupado com o bem-estar de seu país, como tinha boas razões para se preocupar com o bem-estar de sua família.

O embaixador não me revelou que era casado com a filha do emir. Mais tarde, quando soube que a esposa dele era filha do emir, compreendi ainda melhor que suas circunstâncias podiam facilmente se tornar calamitosas. O embaixador levava a sério a proteção de seu país e tinha muitas críticas ao presidente Saddam Hussein e ao ataque e ocupação do Kuwait. Apareceu em muitos programas de televisão expressando sua raiva e desgosto com os ocupantes de seu país. Se as autoridades iraquianas descobrissem que a esposa e os filhos daquele embaixador tão polêmico ainda estavam no Kuwait, e que eram parentes próximos do emir, era muito provável que os membros de sua família fossem levados para o Iraque e aprisionados, ou possivelmente executados.

Depois de receber minha carta de apresentação, desejei o melhor para o embaixador e sua família e comecei minha viagem ao Oriente Médio.

É importante destacar que nem o embaixador do Kuwait nem qualquer outro funcionário do governo kuwaitiano esteve envolvido com a programação, ou tiveram qualquer controle sobre minhas entrevistas, nem assumiram nenhum dos meus custos. O governo kuwaitiano nunca se ofereceu para pagar minhas despesas, nem eu pedi. De fato, isso nem me passou pela cabeça, e tenho certeza que tampouco pela do embaixador. Entretanto, muitos dos kuwaitianos que conheci em minha jornada ofereceram ajuda para fazer contatos com outros que tivessem histórias convincentes para contar sobre sua fuga. Aceitei a ajuda deles para fazer apresentações, um procedimento comum para qualquer escritor ou jornalista.

A viagem de pesquisa e entrevistas só foi um sucesso porque os kuwaitianos estavam ansiosos para revelar suas histórias dolorosas. Depois de entrevistar kuwaitianos em Londres, viajei para o Egito, onde encontrei meu ex-marido Peter Sasson e sua nova esposa, Julie. Peter e eu fomos casados por dez anos, e continuamos bons amigos depois do divórcio. Julie e eu nos demos bem desde nosso primeiro encontro, de modo que também me sentia próxima da esposa de Peter. Ele, que é um excelente fotógrafo, concordou em me acompanhar quando necessário para tirar fotos, pois não tenho a menor habilidade nessa área. Éramos uma equipe bem afinada, e depois de terminar o trabalho no Cairo nós três voamos para Riad.

Fiquei na vila de Peter e Julie enquanto estive em Riad, apesar de passar a maior parte do dia na Embaixada kuwaitiana, já que era difícil me encontrar com kuwaitianos espalhados por toda a Arábia Saudita. Riad é uma cidade enorme, e os kuwaitianos viviam em várias áreas. Para minha sorte, a maioria deles costumava ir com frequência à Embaixada, em busca de notícias do que acontecia na terra natal.

Passei muitas horas e dias com kuwaitianos que não tinham casa, solidarizando-me com eles enquanto lamentavam suas perdas. Logo visitei casas que o governo saudita havia disponibilizado, acompanhando suas esposas. Também visitei as escolas que logo se formaram para atender às crianças kuwaitianas.

O governo saudita era um excelente anfitrião. Tenho certeza de que a família real não havia esquecido que, cem anos antes, os governantes do Kuwait haviam proporcionado asilo ao primeiro rei da Arábia Saudita, Abdul Aziz, dias antes de ele tornar-se rei. Abdul Aziz era um jovem exilado no Kuwait com seu pai desde o início da década de 1900, antes de combater e derrotar os Rashid, reconquistando a Arábia Saudita para sua família. Os filhos de Aziz ainda governavam a Arábia Saudita na época em que estive lá, e pela hospitalidade demonstrada parece que eles não se esqueceram de que foi graças à família Al-Sabah que o pai deles reconquistou o controle da Arábia Saudita.

Só havia um problema. Todas as kuwaitianas que conheci odiavam estar na Arábia Saudita. Em sua maioria, as mulheres kuwaitianas eram educadas e acostumadas com liberdades pessoais. No Kuwait, dirigiam seus próprios automóveis para ir à escola, trabalhar ou fazer compras. Eram muito mais livres que suas irmãs sauditas, que geralmente eram protegidas por um parente masculino e tinham bem pouca liberdade fora de casa. E minhas amigas não estavam acostumadas com mutawas, ou clérigos religiosos itinerantes, que as chocavam ainda mais. Esses homens de rosto duro eram extremamente ativos durante o período em que o reino foi inundado com mulheres árabes acostumadas com liberdade.

Eles pareciam ter prazer em hostilizar as mulheres, inspecionando como se vestiam e insultando aquelas que não usassem a abaya e o hijab.

Depois de haver vivido por muitos anos nas cidades mais conservadoras, eu estava acostumada a ficar alerta com aqueles homens de olhar crítico, tão obcecados em fazer as mulheres se vestirem e se comportarem com moderação. As mulheres kuwaitianas vestiam-se modestamente, mas muitas delas jamais haviam usado o hijab. Porém, aqueles clérigos sauditas estavam determinados a forçar as kuwaitianas a se comportarem como eles queriam.

Como minha pele branca e meus cabelos louros me identificava, obviamente, como estrangeira da Europa ou dos Estados Unidos, essas autoridades religiosas geralmente me ignoravam. Várias vezes me diverti com as kuwaitianas escondendo-se atrás de mim quando os clérigos sauditas se aproximavam. Aquelas pobres mulheres ficavam sussurrando nos meus ouvidos coisas como “Continue andando” ou “Me ajude. Me esconda, Jean”.

Depois ficavam suadas com o estresse e alegavam que estavam prontas para ir lutar contra o exército iraquiano, já que isso as levaria para fora da Arábia Saudita. Achavam difícil acreditar que eu havia sido feliz na conservadora Riad por 12 anos, e muitas vezes faziam piadas comigo, questionando *minha* sanidade.

Havia um mundo de diferenças entre a vida kuwaitiana e a vida saudita, e as relações entre os dois grupos, muitas vezes, eram tensas.

Naqueles dias em Riad, telefonei para o governo, que estava exilado em Taif, na Arábia Saudita, uma famosa estação de montanha que atraía aqueles que desejavam escapar do calor das cidades no deserto. Fiquei surpresa e feliz ao ser convidada para entrevistar o príncipe herdeiro e o emir do Kuwait.

A segunda vez que me reuni com o embaixador foi depois de regressar da viagem e depois de ter escrito o livro, que era, basicamente, uma reportagem redigida em apenas seis semanas, apesar de o cronograma ter sido intercalado com vários meses de viagens e entrevistas. A urgência de escrever aparece, mas este era um registro importante do primeiro dia da invasão.

O livro acabara de ser impresso, e fiquei entusiasmada por presentear o embaixador com uma cópia. Ele abriu um sorriso largo enquanto folheava o livro. E ingenuamente perguntou se eu havia telefonado ao presidente George Bush para contar a ele sobre o livro. Sorri diante da pergunta, dizendo-lhe que jamais havia encontrado o presidente e jamais seria apresentada a ele na Casa Branca. O embaixador ficou sem jeito, como muitos árabes que não compreendem que todos os norte-americanos não desfrutam da amizade de seu presidente.

No Oriente Médio, mesmo o mais pobre dos cidadãos pode solicitar uma audiência com o rei, que frequentemente se coloca disponível em tendas de reunião no deserto ao viajar pelo país com o propósito de encontrar-se com os cidadãos. O rei escuta as histórias de infortúnio e encaminha quem fez a petição para encontrar um de seus ministros para conseguir a solução para certos problemas.

Durante nossa conversa mencionei que havia visto um programa de notícias no qual soldados americanos eram entrevistados. Fiquei perturbada ao ouvir um de nossos soldados dizer que nem ele nem seus companheiros compreendiam porque estavam na Arábia Saudita preparando-se para combater os iraquianos. Disse ao embaixador:

– Quando ouvi aquele soldado, senti pena por não ser capaz de colocar um exemplar deste livro nas mãos dele. Gostaria que cada soldado tivesse um exemplar. Então, saberiam onde estão, e o motivo de seu deslocamento.

O embaixador ficou em silêncio, mas pude perceber que ele pensava sobre o que eu tinha dito. Então seus olhos brilharam. Ele respondeu:

– Você está certa, Jean. Os enviados para a guerra deveriam saber exatamente porque estão ali. Deveriam ler as histórias pessoais. Assim, saberiam o motivo de terem sido enviados para libertar o Kuwait.

A conversa ganhou impulso. O embaixador pediu detalhes sobre o editor, querendo informações de contato. Rapidamente achei o telefone do meu editor. O embaixador fez uma chamada, falando com o proprietário da editora, perguntando se ele poderia ir a Washington encontrar-se com ele.

Nem preciso dizer que fiquei atônita com aquela ação firme e rápida.

No dia seguinte o editor foi até a Embaixada do Kuwait encontrar o embaixador. Antes que eu tivesse tempo de pensar sobre o que podia acontecer, o embaixador encomendou 200 mil exemplares de *The Rape of Kuwait*, para serem entregues na Embaixada do Kuwait em Washington. A Embaixada contratou trabalhadores para carregar o avião de transporte para levar os exemplares do meu livro para a Arábia Saudita. Mais tarde soube que os livros foram doados a qualquer soldado interessado em ler os relatos pessoais dos refugiados de guerra do Kuwait.

Fiquei impressionada com a determinação do embaixador em assegurar-se de que os soldados que fossem lutar pelo país dele soubessem um pouco sobre a motivação daquele combate.

Apesar de não me considerar amiga do embaixador Al-Sabah, tenho muitas razões para admirá-lo e respeitá-lo. Era um homem de voz tranquila, gentil, e que trabalhara com muitos governos para que seu país fosse salvo da ocupação estrangeira. Embora tenha sido violentamente atacado pela imprensa americana por esses esforços, sempre me perguntei porque se acreditava que ele agiria de outro modo. Todos os críticos do embaixador deveriam ter considerado o que fariam se alguém invadisse suas casas, roubasse todos os seus pertences, assassinasse seus jovens, estuprasse suas mulheres e forçasse todos a se tornarem cidadãos de um país invasor. O embaixador era um homem que defendia diplomaticamente seu país, tentando todas as alternativas possíveis para ver os invasores expulsos. Acho que ele devia ser aplaudido, não criticado. (Minha opinião não mudou.)

* * *

De volta ao Voo da Liberdade

Depois de caminhar um pouco, ajeitei-me novamente na poltrona e li, até ouvir que nos aproximávamos de Manama, em Bahrein. Passaríamos a noite ali e voaríamos no dia seguinte para o Kuwait. Enquanto voávamos, fomos informados que os planos haviam mudado, e que não passaríamos a noite seguinte no Kuwait, pois era muito perigoso. Havia muitas bombas não explodidas, e alguns dos soldados iraquianos que haviam perdido a retirada com seus companheiros, saíam de seus esconderijos para ameaçar kuwaitianos.

Fiquei preocupada com essa nova e nada bem-vinda informação. Havia planejado permanecer no hotel no Kuwait depois da partida dos outros hóspedes. Não queria fazer a viagem de volta com os demais convidados do Voo da Liberdade. Queria explorar o país por conta própria. Queria conhecer kuwaitianos e pessoas de outras nacionalidades que permaneceram no país durante a ocupação.

Quando finalmente pousamos no Kuwait, não havia o que fazer com minha bagagem, porque nenhuma estava sendo descarregada. Ônibus nos esperavam para um tour pela cidade.

Quando chegamos à Cidade do Kuwait fomos recebidos por Sua Alteza, o xeque Saud Al-Abdullah Al-Salem Al Sabah, o príncipe herdeiro e primeiro-ministro. O príncipe herdeiro lembrou-se da visita que eu fizera seis meses antes, quando o entrevistei em Taif. Ele pareceu encantado por ver um rosto familiar. Contou rapidamente que estava muito feliz por ter um exemplar do livro que escrevi. Iniciou-se um diálogo inesperado, e o príncipe herdeiro falou que deveria me dar um presente. Ele gostaria de me presentear com uma vila na Cidade do Kuwait, de modo que eu pudesse visitar meus amigos kuwaitianos quando quisesse. Fiquei tão atônita que não encontrei as palavras certas para responder. O embaixador estava de pé ao lado do príncipe herdeiro, sorriu e não fez qualquer comentário.

Forcei um sorriso enquanto procurava uma maneira gentil de recusar a oferta de um presente tão generoso. Apesar de todos os membros da realeza que conheci terem o hábito de dar presentes caros às pessoas de que gostam, nos anos em que vivi no Oriente Médio, conhecendo membros da família real saudita, sempre segui uma regra autoimposta de nunca aceitar presentes que eu não pudesse retribuir à altura. Assim, embora aceitasse uma caixa de chocolates ou um buquê de flores, sempre recusei veementemente presentes caros. (A única ocasião em que fui incapaz de manter minha regra foi quando uma princesa kuwaitiana enfiou um relógio caro no bolso do meu casaco pendurado em seu closet. Descobri o relógio meses depois, quando mandei o casaco para a lavanderia. Nessa época, eu já havia perdido o contato com a princesa e não tinha como devolver o relógio.)

Continuei sorrindo, esperando alguma ajuda do embaixador, que, tenho certeza, sabia que escritores do Ocidente não deveriam aceitar pagamentos ou presentes por ter escrito um livro. Mas o embaixador permaneceu em silêncio, ainda sorrindo, deixando a decisão completamente por minha conta.

Finalmente, sacudi a cabeça e disse ao príncipe herdeiro:

– O senhor é muito gentil, mas não posso aceitar um presente tão generoso. Agradeço, do fundo do meu coração.

Talvez o príncipe herdeiro soubesse que eu responderia dessa maneira, pois não pareceu ficar ofendido. Muitas vezes aborreci membros da família real saudita ao recusar presentes, mas felizmente ele permaneceu bem-humorado, mantendo o sorriso aberto e dizendo que esperava me ver novamente algum dia. Mas aquela seria a última vez que estaria na companhia do príncipe herdeiro do Kuwait.

Depois do breve encontro com o príncipe herdeiro, os convidados do governo kuwaitiano passaram um dia longo e deprimente olhando edifícios danificados, palácios e lares destruídos e sendo levados a porões e masmorras onde ainda se viam equipamentos de tortura. Os lugares e os cheiros eram horríveis, e se houvesse ainda alguma dúvida ficava claro que os kuwaitianos haviam sofrido muitíssimo, e que o pequeno país fora completamente devastado pelos invasores.

Os poços de petróleo incendiados provocavam as maiores emoções e murmúrios da multidão. Algumas pessoas ficaram ofegantes, outras, falaram alto e rapidamente, enquanto outras permaneceram em silêncio, avaliando os estragos.

Observei a esposa e a filha do embaixador chorando ao se abraçarem. O embaixador tentou confortá-las. Compreendi porque choravam tanto. Os céus do Kuwait estavam escurecidos e uma fumaça negra subia em espirais aos céus. O ar kuwaitiano estava pesado. Os poços de petróleo queimavam e a espessa fumaça bloqueava o sol. Tudo parecia frio.

A visão me fez lembrar de como deve ser um inverno nuclear. Fiquei particularmente triste com a visão de pássaros e outras criaturas morrendo ao nosso redor. Todos cobertos pelo óleo negro e pegajoso. Eram incapazes de voar. Eram incapazes de caminhar. Ficavam sentados, esperando a morte.

Todos os seres vivos sofreram no Kuwait, e ainda sofrem. Que triste tragédia!

No final do dia, convidados cabisbaixos foram conduzidos de volta ao avião. No decorrer do dia, considerei meu problema e planejei minha estratégia. Quando chegamos ao aeroporto, corri para falar com a tripulação e descrevi minha situação, dizendo que precisava permanecer no Kuwait. Mas precisava da minha bagagem. Eles foram extremamente prestativos, prontificando-se a me ajudar, procurando no meio das bagagens para achar minhas sete malas grandes. A maioria das pessoas a bordo havia se limitado a maletas de mão, de modo que minha bagagem pesada foi facilmente localizada e rapidamente retirada do avião.

Havia três ou quatro outras pessoas lá para se despedirem do voo. Eram kuwaitianos. Enquanto ficavam de pé acenando para os passageiros que voltavam para os Estados Unidos, perguntei se poderia pegar uma carona de volta para a cidade. A tripulação ficou feliz em me ajudar, a despeito do número e do peso da minha bagagem. Apesar de o veículo ficar lotado, todos mantiveram um sorriso feliz porque o Kuwait era livre novamente.

Quando o enorme avião se afastou, percebi o embaixador Al-Sabah me olhando da janela. Ele parecia tão surpreso ao me ver na pista que receei que mandasse parar o avião, acreditando que um passageiro fora deixado para trás. Mas talvez meu sorriso alegre e os acenos amistosos lhe asseguraram que eu fazia exatamente o que queria. Então, ele não tomou nenhuma iniciativa, e fiquei aliviada com isso.

* * *

Quando comecei a buscar acomodações na Cidade do Kuwait, houve momentos em que me arrependi de não ter aceitado a vila que me foi tão generosamente oferecida pelo príncipe herdeiro. Achar um hotel na cidade é quase impossível. O gerente de um hotel, apontando para o lado de fora do estabelecimento, me informou que havia jornalistas dormindo nas calçadas, pensando que eu podia considerar fazer a mesma coisa. Mas o convenci de que seria muito perigoso para uma mulher dormir na calçada. Acabei tendo a sorte de ser um dos poucos escritores a conseguir um quarto de hotel. É uma história tão complexa que a guardo para outro dia, outro livro.

Tive mais sorte com meu motorista e intérprete, um jovem gerente de banco kuwaitiano chamado Soud A. Al-Mutawa, que se apresentou como voluntário para escoltar um escritor ou jornalista pelo país. Senti-me a escritora mais sortuda, porque Soud é amistoso, corajoso e despachado. Também é casado com uma adorável americana e é dedicado pai de família. Tudo em Soud é simpático. Ele topava qualquer aventura, e isso foi ótimo, porque as semanas seguintes no Kuwait seriam realmente uma grande aventura.

Todos os dias eram corridos, cheios de lugares para ver e pessoas para conhecer. Quase todos os lugares que exploramos eram empolgantes, repletos de muitas experiências que beiraram o perigo. Eram tantas histórias todos os dias! Como encontrar vítimas individuais, brincar com crianças nos orfanatos, esperar a chegada dos prisioneiros de guerra kuwaitianos no pavilhão Shiakhan Al-Farise em Surra, caminhar no meio dos restos queimados de centenas de veículos na Estrada da Morte para Basra, entrar ilegalmente no sul do Iraque para conversar com iraquianos insatisfeitos que expressavam seu desejo de que Saddam jamais voltasse a governar aquela área, visitando soldados americanos no deserto. Houve momentos alegres, a despeito do triste cobertor da guerra que ainda pairava sobre o país. Mas nada do que fiz foi tão agradável como participar de uma festa dada pelos membros da resistência. Apesar da tristeza pelos mortos, pois muitas bravas almas foram presas e torturadas antes da execução, a festa também tinha um lado feliz para aqueles que estavam ali depois de lutarem contra um exército bem-armado e brutal, por terem sobrevivido para contar a história.

Sorrio ao ver homens dançando com homens, boa parte segurando exemplares do meu livro *The Rape of Kuwait*, assim como fotografias do presidente George Bush. Nunca havia testemunhado tanto alívio e alegria tão pura.

Apesar de haver recusado receber uma vila de presente, fui informada que o governo havia baixado uma ordem para que os kuwaitianos me dessem entrevistas exclusivas e acesso a histórias não disponíveis a outros escritores. Disseram-me que tive essa oportunidade por ter sido a única que escreveu um livro sobre as vítimas no Kuwait. Esse "presente" eu não recusei.

E assim fui informada que Soud deveria me levar para entrevistar as mulheres que haviam sido estupradas e ficado grávidas. O governo cuidava dessas moças abusadas e proporcionava atendimento médico.

Soud menciona o que já sei, que o assunto é totalmente delicado, mas que me permitiriam entrevistar as mulheres e escrever sobre suas experiências desde que mudasse seus nomes e não tirasse fotos.

Concordei, sem exitar, pois sei que o estupro é um dos assuntos mais delicados do Oriente Médio. E não farei nada que possa prejudicar as moças e mulheres.

Nenhum encontro me emocionou mais.

A primeira entrevista foi a mais perturbadora.

Yasmeena, a bela libanesa que esperava por mim quando chegamos na vila, sem fôlego com a ansiedade de me contar tudo que sofrera. Eu não estava preparada para os detalhes gráficos que ela queria, até mesmo ansiosamente, me relatar. Sua descrição dos estupros que havia sofrido, assim como os cometidos contra a sua amiga kuwaitiana Lana, vão além de qualquer história que eu tivesse lido ou ouvido.

Apesar de pretender escrever sobre Yasmeena logo que regressasse aos Estados Unidos, concluí que não poderia fazer isso. Estava tão perturbada com os detalhes que deixei de lado o livro, achando que logo retomaria o assunto. Mas fracassei a cada tentativa de escrever, sempre encontrando desculpas e deixando o livro de lado. Eu o escreveria "outro dia", dizia a mim mesma.

O "outro dia" finalmente chegou, em 25 de maio de 2012, e senti uma resolução renovada de contar ao mundo sobre essa mulher que conheci, a mulher que vocês conheceram como Yasmeena. As histórias que ela me contou finalmente irromperam e, para minha surpresa, constatei que depois de começar a escrever não conseguia mais parar. Não pude mais parar, do mesmo modo como a ofegante Yasmeena não conseguia quando me contou o que vocês acabaram de ler.

Como autora deste livro, agradeço a todos os meus leitores por se importarem com Yasmeena, Lana e as demais heroínas que eu trouxe à vida nos livros que escrevi.

Jean Sasson
20 de julho de 2013

Apêndice H

Excerto de The Rape of Kuwait

O que se segue são meus primeiros esboços de um manuscrito que escrevi durante os meses de outubro, novembro e dezembro de 1990. Mais tarde, esse manuscrito tornou-se o best-seller *The Rape of Kuwait: The True Story of Iraqi Atrocities Against a Civilian Population.*

Como o livro impresso não está mais disponível, recebo muitas perguntas sobre ele. Para os que estão interessados, o que se segue é uma informação sobre como escrevi *The Rape of Kuwait.*

Notas para o Prefácio:

O Oriente Médio foi meu lar durante 12 anos. Durante esse tempo passei a conhecer e a amar o povo dessa região. Por isso, a violência recorrente jamais deixou de me abalar, pois conheço de primeira mão as pessoas envolvidas nas paixões explosivas que são a praga da região.

Eu tinha muitos amigos árabes. E os conheço como seres humanos. Meus amigos árabes cresceram como todos nós, cheios de esperança, planejando seu futuro, esperando pelo casamento e uma família. Sofrem quando as penas recaem sobre suas vidas. E eles morrem. Mas morrem muitos árabes apenas porque nasceram na mais tumultuada região da Terra.

Depois de testemunhar incontáveis rebeliões no decorrer da última década, cheguei à conclusão de que ainda haverá outras guerras que serão travadas entre os árabes. Existem ali muitos ditadores com vontades fortes, reis amantes do luxo, ambições não resolvidas e muito armamento disponível na região para que esta seja pacífica. Toda a região está cheia de exércitos inquietos, tanques, mísseis e equipamentos militares, a maior parte deles vendidos aos países do Oriente Médio pelos Estados Unidos, Rússia e várias nações europeias. Por tudo isso, tenho forte impressão de que as tensões no Oriente Médio aumentarão, desencadeando mais guerras.

Durante o verão de 1990 observei, com temor crescente, enquanto Saddam Hussein, presidente do Iraque, lançava insultos contra os governantes Al-Sabah, do Kuwait. Saddam estava muito aborrecido porque havia pegado um grande empréstimo com o Kuwait e a Arábia Saudita, dinheiro para financiar a guerra de oito anos contra o inimigo comum, o Irã. A guerra não alcançou os objetivos de Saddam, terminando em um impasse. Agora um Saddam muito zangado sentava-se em Bagdá com um exército de 1 milhão de soldados, uma economia despedaçada e ambições frustradas.

Ele pediu, então, que esses governos perdoassem suas dívidas, e lhe dessem mais fundos para reconstruir seu país. Agora os sauditas e os kuwaitianos estavam se recusando a perdoar as dívidas, e Saddam estava furioso. Sentia que havia desistido das riquezas petrolíferas do Iraque e perdido milhares de jovens soldados iraquianos para nada.

Depois de ler praticamente tudo o que foi publicado sobre ele, fiquei preocupada com os kuwaitianos e sauditas, porque Saddam era psicologicamente muito forte e sua mordida era tão poderosa quanto seus latidos. Telefonei para amigos que viviam no Kuwait e em Dubai, nos Emirados Árabes Unidos, pessoas que fugiram da guerra civil libanesa, e aconselhei que talvez fosse mais prudente que regressassem para Beirute para enfrentar os problemas daquele país entristecido pela guerra. Meus amigos disseram que eu não deveria me preocupar. Acreditavam que Saddam estava blefando. Como esperei que eles estivessem certos e eu, errada!

Na noite de 1º de agosto de 1990, acomodei-me para assistir a um dos meus programas de televisão favoritos, *Nigthline*, apresentado por Ted Koppel. Pelo fuso horário, Atlanta está sete horas atrás do Kuwait, de modo que já amanhecia naquele país. Fiquei horrorizada ao ouvir o Sr. Koppel anunciar que o exército iraquiano havia invadido o Kuwait. O exército iraquiano invadira horas antes e seguia em direção à Cidade do Kuwait, segundo repórteres excitados.

Fiquei horrorizada, mas não tinha como saber que, naquele instante, minha vida havia mudado para sempre, tal como a vida dos kuwaitianos e iraquianos nunca mais seria a mesma.

Nos dias seguintes, fiquei tão presa ao drama que se desenrolava no Kuwait que foi impossível me concentrar em um manuscrito semicompleto sobre o Oriente Médio. Ouvi com atenção as entrevistas coletivas convocadas pelo xeque Saud Nasir Al-Sabah, o embaixador kuwaitiano nos Estados Unidos. Senti muita pena ao ouvir seus apelos para todas as pessoas e todos os governos ajudarem sua terra invadida. Fiquei comovida com os rogos de ajuda de qualquer lugar. E atraída por suas maneiras refinadas.

Senti que devia fazer algo para expressar meu apoio. Decidi escrever ao embaixador. Esbocei uma carta sincera, dizendo que orava pela recuperação de seu país e pela segurança de seu povo. Informei a ele minha história, que vivi na região e que atualmente estava escrevendo um livro, e que talvez pudesse entrevistar os refugiados e contar as histórias deles.

Depois de colocar a carta no correio, pouco pensei sobre a correspondência, apesar de continuar a analisar cuidadosamente a retórica política dos líderes mundiais. Observei com enorme tristeza enquanto os refugiados escapavam do Kuwait e contavam suas histórias de horror. Preocupei-me com as pessoas ainda presas no interior do pequeno país. O que acontecia com eles? Tinha esperança de que o mundo não ignorasse o caso, como havia feito durante os massacres no Camboja, um conflito e genocídio que afetou tão profundamente minha juventude.

Telefonei para muitos amigos no Oriente Médio. Sentia que precisava fazer algo para ajudar, nem que fosse dando uma pequena contribuição. Podia reunir pacotes e mandá-los para o Egito. Depois lembrei que o governo do Kuwait era muito rico. Certamente, cuidariam das necessidades básicas de seus cidadãos. Foi então que meus pensamentos se voltaram para uma matéria qua havia lido em uma revista, ou em um livro. O que os kuwaitianos precisavam era que o mundo os apoiasse. Nada é mais poderoso que histórias de guerra. Foi assim que tomei a decisão de voltar à região, encontrar os refugiados, entrevistá-los e contar suas histórias. Minha decisão foi tomada, apesar de saber que teria de enfrentar muitos obstáculos.

O Oriente Médio era como minha segunda casa. Eu conhecia a cultura. Vivi e trabalhei em Riad, na Arábia Saudita, por muitos anos, e sabia que tudo se move vagarosamente no Oriente Médio. Sabia que iria precisar de assistência para encontrar os refugiados. Apesar de ter vários amigos que ocupavam posições proeminentes em vários governos árabes, nenhum deles parecia ser "a pessoa certa" para me ajudar com o projeto.

Justo quando eu analisava as dificuldades da tarefa que tinha diante de mim, o telefone tocou. O embaixador do Kuwait estava na linha. Respondia à minha carta. Disse-lhe que estava surpresa por ele ter se dado o trabalho e ter tido tempo de ligar. Ele me perguntou:

– Como alguém poderia deixar de responder?

Depois de alguns momentos discutindo a situação, disse a ele da minha renovada determinação de escrever um livro baseado em entrevistas com os refugiados kuwaitianos. Expliquei que seria útil ter uma carta tranquilizando os kuwaitianos de que podiam me contar suas histórias pessoais. Não discuti o fato de que a maioria dos árabes que conheço hesita em falar publicamente sobre suas histórias pessoais. Sua cultura espera que sejam reservados, e mais, a maioria dos árabes não quer perturbar seus governos. O embaixador estava interessado em qualquer plano que alertasse o mundo sobre a situação atual de seu país. Quando nossa ligação terminou, já tínhamos planejado minha viagem na semana seguinte até Washington para encontrar o embaixador e sua equipe.

Além do que havia visto nos vários programas de televisão, não sabia nada sobre o embaixador Al-Sabah. Ele parecia ser bem-informado, educado e discreto. Calmamente, me relatava os fatos, e essa era sua apresentação, enquanto o embaixador iraquiano, Moahammed Sadig Al-Mashat, insultava nossa inteligência anunciando que o povo kuwaitiano queria que o Iraque governasse seu país, que havia solicitado ao seu presidente que interviesse e colocasse para fora os governantes Al-Sabah.

Viajei para Washington, como planejado, e recebi a carta me apresentando como alguém que desejava ouvir a verdade sobre a experiência dos refugiados. (Em minhas notas relato os detalhes do encontro com o embaixador, mas, como essas memórias estão registradas na introdução ao Voo da Liberdade que está neste apêndice, não as relatarei uma segunda vez.)

De Washington viajei para Londres, onde conheci a Dra. Souad Al-Sabah, esposa de Abdullah Al-Mubarak Al-Sabah, o único filho vivo de Mubarak, o Grande. No Kuwait, a Dra. Al-Sabah era bastante reconhecida, tanto pelo seu casamento como por ser uma proeminente poeta e escritora kuwaitiana. A Dra. Al-Sabah e seus filhos estavam em Londres na manhã da invasão, e permaneceram lá durante a ocupação. Ela trabalhava ajudando pessoas como eu a conseguir histórias sobre os refugiados kuwaitianos. Quando soube que eu planejava dedicar o livro a todos os kuwaitianos mortos durante a invasão, com uma menção especial ao irmão do emir, o xeque Fahd Al-Sabah, um dos primeiros membros da família real a ser morto, a Dra. Al-Sabah fez uma sugestão. Foi muito gentil e me apresentou à xeque Fadila Al-Sabah, a viúva do xeque.

O encontro com a xeque Fadila e a Dra. Al-Sabah foi uma noite de tristeza que jamais esquecerei. A xeque estava extremamente emocionada. Parecia amar muito o marido e ficou em choque quando ele morreu. Também não tinha certeza sobre o destino dos três filhos, o que aumentava seu temor e tristeza.

De Londres viajei para o Cairo, no Egito, para encontrar pessoas que haviam escapado do Kuwait pelos desertos da

Jordânia, do Iraque e da Arábia Saudita. Cairo foi fácil para mim, já que tinha muita familiaridade com o Egito depois de passar muito tempo ali, no decorrer dos anos, com meu ex- marido Peter Sasson, nascido e criado em Alexandria. O pai de Peter era um europeu cujo pai era proprietário de muitas plantações de algodão em Alexandria. Sua mãe era uma iugoslava que conheceu o pai de Peter no norte da Itália, depois da Segunda Guerra Mundial.

Peter e sua esposa Julie me receberam no Cairo. Peter havia concordado em ser o fotógrafo para o livro que eu escrevia.

Havia muitos refugiados no Cairo, e todos tinham histórias trágicas para contar. O Kuwait havia sido atacado de surpresa, ninguém estava preparado. Muitas mães haviam sido separadas dos filhos, algumas crianças foram perdidas em hospitais, enquanto maridos e esposas se perderam um do outro para sempre. O trabalho no Cairo foi um sucesso.

Do Cairo viajei para Riad, na Arábia Saudita, que havia sido meu lar por 12 anos, de 1978 a 1990.

Enquanto estive na Arábia Saudita visitei Embaixadas, escolas improvisadas e hospitais, ouvindo relatos de sofrimentos, dores e desemparo. Enquanto estava em Riad, pedi ao embaixador kuwaitiano na cidade o telefone do governo do Kuwait no exílio. A família real kuwaitiana havia se reunido em Taif. Ele trouxe o número, e eu liguei. Fiquei surpresa quando o ministro da Informação atendeu o telefone. Quando lhe disse que gostaria de voar até Taif e entrevistar o príncipe herdeiro e o emir, ele riu e disse:

– Claro. Mandaremos um avião particular até Riad.

Ele estava falando sério. Ri diante de tamanha facilidade, mas lhe disse que não era necessário, que faria reserva em um voo de Riad até Taif. No dia seguinte cheguei a Taif, sendo recebida no aeroporto por um dos jovens membros da família real saudita. Seu nome era Salem Al-Sabah e queria estar no livro que eu escrevia. Era um galanteador, um belo jovem, mas eu estava a caminho de ver o emir e o príncipe herdeiro e meu tempo era limitado. Ele ficou claramente decepcionado, mas tinha bom humor e riu do fracasso do projeto de aparecer no livro.

(NOTA: Quase 15 anos depois, quando passei pela Embaixada do Kuwait em Washington, pedi para me encontrar com o embaixador. Eu sabia seu nome, mas nunca havia me encontrado com ele, pelo que eu lembrava. Fui gentilmente escoltada até seu escritório. Ele abriu um enorme sorriso e me perguntou:

– Não se lembra de mim?

Infelizmente, eu não lembrava. Então ele disse:

– Fui seu motorista quando foi a Taif para entrevistar o príncipe herdeiro e o emir.

Eu não podia acreditar que o jovem motorista, que fora tão gentil e aberto, era agora Sua Excelência o embaixador Salem Abdullah Al-Jaber Al-Sabah. Havia sido nomeado para a Embaixada mais importante do Kuwait e ouvi dizer que o atual embaixador era altamente respeitado em sua posição. Permanecia tão simpático como quando o conheci, conversando amenidades, orgulhosamente mostrando fotos da família. Sua esposa era uma bela libanesa que conheceu quando frequentou a escola em Beirute. Tinha filhos, e disse que tentava convencer a esposa a deixar que ele comprasse um cachorro, um boxer. Ele sonhava com um boxer, confidenciou. É claro que fiquei constrangida por não tê-lo reconhecido e tive um momento de arrependimento por não ter escutado sua história naquele longínquo dia de 1990 e escrito um capítulo sobre ele em meu livro *The Rape of Kuwait*.

A vida costuma ser repleta de arrependimentos, mas não podemos mudar o passado, então, sigamos em frente.)

Fiquei em Taif apenas 24 horas. Mas ficou evidente que o governo kuwaitiano estava ansioso por um livro sobre a invasão e as violações dos direitos humanos. Ainda assim, ninguém me perguntou como o livro caminhava, quem apareceria, se eu já havia escrito alguma coisa etc. Fiquei espantada com as diferenças entre os kuwaitianos e os sauditas. Os kuwaitianos não se importavam que os acontecimentos se revelassem por si sós. Eu escreveria o livro de acordo com o que descobrisse em minhas entrevistas. Se a situação fosse outra, e estivesse escrevendo sobre os sauditas, eles exigiriam monitorar minhas entrevistas, insistiriam que eu tivesse um intérprete, limitariam minhas perguntas, e parariam a entrevista se alguém fizesse críticas à família real saudita. À medida que o tempo passava eu ficava cada vez mais impressionada com a abertura dos kuwaitianos e de sua família real.

Como foi prometido, pude entrevistar o príncipe herdeiro, e fiz uma entrevista muito mais breve com o emir. O príncipe herdeiro parecia ser um homem muito feliz, a despeito da atual crise. Exibia largos sorrisos enquanto falava, relatando tudo o que havia acontecido com ele desde a invasão.

O emir foi muito mais contido e percebi que preferia estar se reunindo com seus ministros sobre os assuntos urgentes em vez de conversar com uma escritora, apesar de ter sido muito cortês.

O ministro da Informação educadamente me convidou para ficar alguns dias em Taif, para me familiarizar mais com a família real e as tarefas urgentes tratadas. Mas eu tinha um cronograma apertado, querendo voltar para Londres e depois para Atlanta, de modo a poder escrever o livro. Assim, mantive minha agenda e voltei a Riad como programara.

Depois de fazer minhas últimas entrevistas em Riad, passei em Londres, como planejado, onde novamente encontrei a Dra. Souad Al-Sabah. Fui convidada à sua casa, um apartamento luxuoso perto da Harrods, onde conheci seus filhos. Era fácil perceber que as crianças eram a maior alegria da Dra. Sabah. Durante a conversa de uma hora ela me relatou a maior tristeza de sua vida: a perda de um filho. Ele havia lutado contra a asma a vida inteira. Pouco mais de um ano antes, quando a família saía do Kuwait em um avião particular, seu filho começou a ter dificuldades respiratórias. O pobre garoto lutava por cada gole de ar. Todos ficaram aflitos, pedindo ao piloto que aterrissasse o mais rapidamente possível. Mas, quando chegaram de volta ao solo, o belo e muito amado filho da Dra. Al-Sabah tinha dado seu último respiro. A criança havia morrido.

Pude sentir a dor extrema que ela sentia e me senti muito mal por sua perda, sabendo, por meus próprios pais, o quanto era triste perder um filho.

Depois de voltar para Atlanta, comecei a escrever. Diante das exigências dos cronogramas de entrega, o livro parecia uma reportagem, mas me asseguraram que era o tipo de livro que o público desejava. E assim foi.

Este livro foi composto na tipologia Minion Pro,
em corpo 11,5/15,25, impresso em papel off-white
no Sistema Cameron da Divisão Gráfica
da Distribuidora Record.